當代中華文化思想叢刊

現代中國的文學、教育與都市想像

上冊

陳平原　著

目次

小引 ……………………………………………………………………… 1

上冊

半部學術史，一篇大文章
——現代中國學者的自我陳述 ……………………………… 1

    一　學者為何自述 ……………………………………………… 3

    二　自傳與自定年譜 …………………………………………… 11

    三　「我與我的世界」 ………………………………………… 18

    五　「懺悔錄」之失落 ………………………………………… 33

    六　「朝花夕拾」與「師友雜憶」 …………………………… 41

新教育與新文學
——從京師大學堂到北京大學 …………………………… 47

    一　「虛文」之不可或缺 ……………………………………… 48

    二　「文學史」的意義 ………………………………………… 55

    三　「桐城」與「選學」之爭 ………………………………… 62

    四　作為知識生產的文學教育 ………………………………… 71

思想史視野中的文學
——《新青年》研究 ···················· 75

一 同人雜誌「精神之團結」 ············· 77

二 「仍以趨重哲學文學為是」 ············· 86

三 以「運動」的方式推進文學事業 ········· 94

四 文體對話與思想草稿 ··············· 108

五 提倡學術與壟斷輿論 ··············· 124

六 文化資本與歷史記憶 ··············· 140

分裂的趣味與抵抗的立場
——魯迅的述學文體及其接受 ········ 155

一 文體家的別擇 ·················· 155

二 論著、雜文與演講 ··············· 162

三 古書與口語的糾葛 ··············· 169

四 直譯的主張與以文言述學 ··········· 174

五 文體的「抵抗」 ················ 184

中國大學百年？ ·················· 191

一 兩種大學史 ··················· 192

二 關於「旁採泰西」 ··············· 197

三 關於「上法三代」 ··············· 210

四 敢問路在何方 ·················· 220

下冊

大學之道
——傳統書院與二十世紀中國高等教育 …………… 223

　　一　書院之遠逝 ………………………………… 224

　　二　借鑒書院的努力 …………………………… 227

　　三　書院在二十一世紀 ………………………… 238

文學史視野中的「大學敘事」 …………………… 241

　　一　大學歷史與大學敘事 ……………………… 242

　　二　三閭大學與西南聯大 ……………………… 246

　　三　兩個北大的糾葛 …………………………… 252

　　四　故事化了的「老大學」 …………………… 257

當代中國人文學之「內外兼修」 ………………… 263

　　一　日漸分裂的大學校園 ……………………… 264

　　二　大學擴招與「國學熱」 …………………… 270

　　三　素質教育與通識課程 ……………………… 281

　　四　學術工程與評審文化 ……………………… 292

「五方雜處」說北京 ……………………………… 301

　　一　為什麼是北京 ……………………………… 301

　　二　作為旅遊手冊的北京 ……………………… 305

　　三　作為鄉邦文獻的北京 ……………………… 308

　　四　作為歷史記憶的北京 ……………………… 311

　五　作為文學想像的北京 ……………………………………… 315

　六　作為研究方法的北京 ……………………………………… 318

北京記憶與記憶北京
——《北京：都市想像與文化記憶》序 …………… 323

　一　在「記憶」與「忘卻」之間 ……………………………… 323

　二　城市歷史與文學想像 ……………………………………… 326

　三　穿越諸多科學科領域 ……………………………………… 329

　四　並不存在一個統一的「北京」 …………………………… 333

　五　引而未發的「雙城記」 …………………………………… 336

城闕、街景與風情
——晚清畫報中的帝京想像 ……………………… 339

　一　帝國風雲與個人遊歷 ……………………………………… 341

　二　作為「景物」的宮闕 ……………………………………… 347

　三　在禁苑與公園之間 ………………………………………… 352

　四　日漸模糊的風俗畫 ………………………………………… 362

　五　十字街頭的「巡警」 ……………………………………… 373

　六　新學如何展開 ……………………………………………… 381

　七　觀察、見證與遙想 ………………………………………… 392

長安的失落與重建
——以魯迅的旅行及寫作為中心 ………………… 403

　一　眾說紛紜的「西安之行」 ………………………………… 405

　二　何處是長安 ………………………………………………… 413

　三　愛情、女性還是都城 ……………………………………… 423

四　可疑的「古都」情結 ………………………………………… 435

五　時間意識還是空間想像 ……………………………………… 444

六　如何「遙想漢唐盛世」 ……………………………………… 451

小引

　　能入選北京師範大學出版社的「當代中國名家文庫」，自然深感榮幸。可「榮幸」是短暫的，「惶恐」卻成了好長一段時間揮之不去的陰影。因為，在我看來，對於學者來說，編「學術自選集」，其實很冒險。效果好，人家說那是應該的，因為是「精品」嘛；要是不如人意，那可就慘了，馬上有人興師問罪：選了大半天，就這兩下子，還敢叫「名家」？好在叢書名不是我起的，之所以答應加盟，是希望藉此呈現自家某一時段的學術面貌。

　　這麼說是因為，這不是我第一次「涉險」。一九九七年廣西師範大學出版社推出「跨世紀學人文存」，有《陳平原自選集》；二〇〇八年香港三聯書店刊行「三聯人文書系」，有我的《千年文脈的接續與轉化》。前者選錄刊於一九八四至一九九五年間的論文十四則，分現代文學、小說史、學術史以及當代文化四組；後者收文四篇，集中討論學堂、報章、演說以及思想文化潮流與「現代中國文學」之關係。輪到為北京師範大學出版社編「自選集」，自然多有規避，選錄一九九六至二〇〇八年間刊發的論文，且格外關注「現代中國的文學、教育與都市想像」。

　　書編好後，按時間順序略為排列，發現竟然很均勻。十三年間，最為豐產的，也不過年選兩篇；絕大多數年份則是「獨生子女」。一九九七年和二〇〇一年無文入選，那是因為早已擠進了香港三聯版《千年文脈的接續與轉化》。真正「歉收」的，是二〇〇〇年和二〇

○四年，屈指數來，那兩年正集中精力完成《點石齋畫報選》（貴州教育出版社，2000）及《從文人之文到學者之文——明清散文研究》（北京三聯書店，2004）。如此鋪排，不是為了吹噓自家「品質穩定」，而是想說明，若我這樣的中才，即便手腳勤快，一年也出不了兩三篇好文章。以目前學界流行的評價指標衡量，實在是愧煞我也。

依照北京師範大學出版社的規定，選文共分三組，分別對應文學史、教育史和都市研究。至於時間段，則是晚清以降的中國。既然邊界清晰，題目顯豁，似乎沒什麼好說的了。其實不然，為了體現自家學術趣味，我還是偷偷埋了三個椿腳。一是學術史，即收入《中國現代學術之建立——以章太炎、胡適之為中心》（北京大學出版社，1998）的《半部學術史，一篇大文章——現代中國學者的自我陳述》；二是圖像史，即收入《左圖右史與西學東漸——晚清畫報研究》（香港三聯書店，2008）的《城闕、街景與風情——晚清畫報中的帝京想像》；三是正在苦心經營的「述學文體研究」，即《分裂的趣味與抵抗的立場——魯迅的述學文體及其接受》。換句話說，選擇這十二則小文，除文章本身的水準外，希望體現不同的學術旨趣與方法，且在注重學術的同時，兼及現實關懷（如談大學那一組）。

各文刻意注明最初出處，既體現自家蹣跚學步的足跡，也是對諸多刊載拙文的雜誌表達謝意。

陳平原

二○一○年二月十日於京西圓明園花園

半部學術史，一篇大文章[*]
──現代中國學者的自我陳述

「追憶逝水年華」，此乃古往今來無數聖君明相、文人哲士所無法迴避的誘惑。不管是出於「自我不朽」的祈求、「文明延續」的領悟，還是功利主義的「以史為鑒」，「追憶」總是人類著書立說時的一大動力。至於追憶往事所使用的文體，可以是書信日記、詩文小說，也可以是隨筆雜感、學術著述。反過來說，「追憶」之於各種文類，均有不容漠視的貢獻。

「追憶」並非簡單的追溯既往、回到過去，而是用「今天」的眼光，賦予「往事」某種意義與邏輯。不只是因為時間的鴻溝，使得往事失落，無法完整呈現；更因為人們只能記憶其願意記憶的，陳述其能夠陳述的。在這個意義上，追憶既是一種呈現，也是一種掩蓋；既在講述真情，也在散布謊言。[1]對此陷阱，不是每個追憶者都渾然不覺。大詩人歌德在談及其自傳《詩與真》時，便對一本正經追憶往事的價值表示懷疑：「生平有些或許算是好的東西是不可言傳的，而可以言傳的東西又不值得費力去傳。」[2]自傳無法傳達不可言傳之「意

---

* 本文初刊《學人》，第10輯，南京，江蘇文藝出版社，1996。

1 周作人：《〈知堂回想錄〉後序》，見《知堂回想錄》，香港，三育圖書公司，1980；〔美〕斯蒂芬・歐文：《追憶──中國古典文學中的往事再現》，鄭學勤譯，2、17頁，上海，上海古籍出版社，1990。

2 〔德〕愛克曼輯錄：《歌德談話錄》，朱光潛譯，20頁，北京，人民文學出版社，1978。

旨」，但起碼可以講述激動人心的「故事」。因而，即便不乏歌德式的疑惑，「名人自述」仍為廣大讀者所歡迎，其創作與傳播自然也就歷久不衰。

追憶往事，可以有兩種策略：一以自己的生命歷程為中心，穿插各種議論；一就某一主題發表議論，夾雜對於往事的回憶。此中差異，不妨以《往事與隨想》和《隨想錄》作比較。二十世紀七〇年代末，巴金譯完俄國作家赫爾岑的回憶錄，在後記中表達了拜師學藝的願望。十年後，《隨想錄》合訂本出版，體例卻與《往事與隨想》迥異：著眼點不在往事，而在對於往事的思考。用巴金自己的話來說就是：「儘管我接觸各種題目，議論各種事情，我的思想卻始終在一個圈子裡打轉，那就是所謂十年浩劫的『文革』。」「這座」用真話建立起來的揭露『文革』的『博物館』」，就其「是時代的藝術性概括」而言，與赫氏之作確有異曲同工之妙。[3] 即便「同工」，因「異曲」而帶來的諸多差別，仍不能等閒視之。本文將要探討的，乃是赫爾岑式的「史中帶論」，而不是巴金式的「論中夾史」。

對於往事的追憶，詩人、政客、商家、學者，各有各的擬想讀者，也各有各的敘述策略。「瞞天過海」固然是所有追憶的共同天敵，但必不可少的「騰挪躲閃」，使得各類「追憶」自然而然地拉開了距離。沒有理由認定哪一類「追憶」價值更大，但就接受面而言，學者的追憶，大概最難獲得公眾的青睞。詩人的激情洋溢與文采飛揚，永遠能夠吸引廣大讀者；搏殺於政壇商海並獲得功名利祿者，其縱橫捭闔的技巧以及重大決策的內幕，對公眾與專家同樣具有吸引力。唯獨學者的「追憶逝水年華」，很可能既乏浪漫情懷，也無驚險

3　巴金：《〈往事與隨想〉後記（一）》，見〔俄〕赫爾岑：《往事與隨想》，1卷，巴金譯，上海，上海譯文出版社，1979；巴金：《〈隨想錄〉合訂本新記》，見《隨想錄》，北京，生活・讀書・新知三聯書店，1987。

遭遇，以「質樸的文筆」，配「平淡的生平」，可想而知，很難引起一般讀者的興趣。

公眾的相對冷淡，並不等於學者的追憶缺乏魅力。不管是著眼於史學價值，還是文章趣味，不少學者的自敘傳，令人回味無窮。這裡選擇五十位生活在二十世紀的中國學者的「自述」，討論其敘事策略及其背後蘊涵著的文化理想，在理解現代中國學術進程的同時，思考「文章」與「著述」各自的功能及自我超越的途徑。

在正式論述以前，有關選樣標準，必須略作交代：一、王韜和譚嗣同均卒於十九世紀末，之所以破例列入，乃著眼於其文化觀念及文體意識對後世的影響。二、周氏兄弟及茅盾、郭沫若等，既是文人，也是學者，本文注重其後一側面。[4]三、選擇的樣本，半為古已有之的年譜，半為西方傳來的自傳，但為了尊重自述者超越傳、譜鴻溝的努力，這裡暫不作進一步的區分。四、學者自述，可能今夕完稿明朝刊布，也可能藏之名山傳之後世。讀者的鎖定，自然會影響其敘述策略，但在召喚讀者、渴望理解這一點上，二者並無根本性的區別。因此，將當初弟子秘藏的自定年譜，與傳主生前刊行的回憶錄，放在一起論述，並無大的妨礙。

一　學者為何自述

古已有之的「學者自述」，在二十世紀的中國翻新出奇，成為學界與文壇共用的小小時尚。對此「時尚」有促成之功者，首推新會梁任公和績溪胡適之。梁、胡二君對傳記以及自述均有極大的興趣，且互相啟迪。新型傳記的鑒賞及寫作，梁曾為胡引路；年譜體例的革

4　比如，《從文自傳》寫作在前，沈從文成為學者在後，故不錄。

新，胡則走在梁前頭。[5]同樣欣賞西方的自傳，梁氏轉而發掘清人
「實寫其所經歷所感想」的自定年譜，而胡君則更多提倡「給史家做
材料，給文學開生路」的自傳。[6]在具體論述中，前者以自傳眼光評
說年譜，後者則在自定年譜中尋找中國的長篇自傳。二者思路仍有共
通處，那便是力圖溝通古今中外的「自述」。就研究成果而言，梁啟
超的《中國近三百年學術史》和《中國歷史研究法補編》對年譜及自
定年譜的論述，遠非胡適的隨感雜錄所能企及；但胡適從早年的留學
日記，到晚年的公開演講，幾十年間鍥而不捨地提倡「傳記文學」，
並且身體力行，完成了《四十自述》及《胡適口述自傳》，其影響力
遠遠超過梁啟超的專門著述。

　　不管是梁啟超還是胡適，其提倡自定年譜或自傳，對撰述者並無
階層或職業的限定。表面上，自述生平，是人人俱有的權利；三教九
流，男女老少，均可寫作並出版自傳。可實際上，自傳是一種「最不
平等」的文體。傳主、譜主的功名業績，對自傳、自定年譜的價值認
定及傳播範圍，均起決定性作用。胡適勸其寫作自傳的，都是「做過
一番事業的人」；梁啟超講得更明白，「自撰譜譜中主人若果屬偉大人
物，則其價值誠不可量」。[7]回憶錄的限制相對小些，但也要求與「名
人」略有瓜葛，方能引起讀者的興趣。金克木《天竺舊事・小引》對
寫作回憶錄的困境，頗多調侃語：

5　胡適《四十自述》（上海，亞東圖書館，1933）中提及「我個人受了梁先生無窮的
　　恩惠」，指的是「新民說」及學術史研究，但考察其時胡氏發表在《競業旬報》上
　　的四篇傳記，不難發現梁氏另一方面的「恩惠」。1922年胡適出版《章實齋先生年
　　譜》，在《自序》中介紹其體例創新之處，第二年梁啟超《朱舜水先生年譜》完
　　成，頗有同工之妙；若干年後撰寫《中國歷史研究法補編》，在論及年譜如何「記
　　載當時的人」時，恰好拿這兩部作品作例證。
6　參見梁啟超《中國近三百年學術史》第十五章九節和胡適《四十自述》的《自序》。
7　參見梁啟超《中國近三百年學術史》第十五章九節和胡適《四十自述》的《自序》。

　　名人大抵常有回憶錄，回憶的都是一些名人、名勝、大事或者
　　與自己有關的親切的人和事。名人往往進入別人的回憶錄。不
　　名之人也往往由回憶名人和大事而得名。

這種文體的「勢利相」，固然不曾剝奪「未名者」寫作自傳或回憶錄
的權利，卻能有效地阻礙其流通。

　　統而言之的「傳記文學」，對作者的身份地位並不苛求；但基本
上屬於史學的自傳及自定年譜，則要求作者有一定的「知名度」。因
而，「學者自述」之能否大量產生並廣泛傳播，主要取決於其是否
「知名」，是否有足夠的「自信」。換句話說，學者的價值是否得到社
會的普遍認可。

　　二十世紀初的中國學者，之所以二三十歲便寫作並發表自傳（如
劉師培、梁啟超），與社會轉型期先覺者開天闢地的自我感覺有關。
二十世紀三〇年代的中國，撰寫自傳蔚然成風，除了胡適、林語堂等
人的大力提倡，更因其時文人學者尚有充分的自信。[8]到了五六十年
代，大陸學者極少寫作（更不要說發表）自傳，主要原因是知識分子
處於被改造的地位，根本不敢「揚才露己」。至於其時大量湧現的
「思想總結」和「自我批判」，乃迫於外界的壓力，不得已而為之，
不能作為自傳來閱讀評判。像呂思勉那樣，將《三反及思想改造學習
總結》作為自傳來寫，而且基本上沒有違心之論（正因如此，此「總
結」三十多年後方才得以作為「自述」發表），實在是個奇跡。進入

8　胡適《四十自述‧自序》稱：「我的這部《自述》雖然至今沒寫成，幾位舊友的自
　　傳，如郭沫若先生的，如李季先生的，都早已出版了。自傳的風氣似乎已開了。」
　　第二年，林語堂在《論語》上發表《四十自敘詩》，接著又用英文寫作自傳，並由
　　簡又文譯成中文在《逸經》上發表。1937年郭登峰編《歷代自敘傳文鈔》出版，序
　　言中感謝胡適的指導；同年，林語堂創辦的《宇宙風》陸續發表蔡元培、陳獨秀、
　　葉公綽、太虛、宋春舫等人自述，後集為《自傳一章》，由宇宙風社單獨刊行。

八〇年代以後，學者地位相對提高，這才有《中國現代社會科學家傳略》（太原，山西人民出版社，1982-1987，共十輯）和《中國當代社會科學家》（北京，書目文獻出版社，1982-1990，共十一輯）中諸多學者撰寫的自傳。北京三聯書店陸續出版的《我在六十歲以前》（馬敘倫）、《三松堂自序》（馮友蘭）、《韌的追求》（侯外廬）、《天竺舊事》（金克木）以及《吳宓自編年譜》等，對於恢復甚至提高學者自述的信心與興致，起了很好的作用。到了一九九三年，遠在西南的巴蜀書社，更打出「學術自傳叢書」的旗幟，以每種五萬至十萬字的篇幅，推出張岱年、蔡尚思、錢仲聯等一批老學者撰寫或口授的自傳。

　　某一時段學者自傳大量湧現，最多只能說明其時社會對學者的關注，並不保證這些自述的史學或文學價值。後者取決於學者自述的動機、體例、策略以及欣賞趣味等。這裡先從「動機」入手，討論學者為何在專業著述以外，還要撰寫自傳或自定年譜。

　　學者對其為何自述生平，而且公開刊行，大都有所解釋。清人自定年譜中，多有追念平生，聊示子孫，俾知起家不易之類的說法。[9]這種過於私人性的敘述姿態，基本上不為現代學者所取（羅振玉除外）。對於那些生前便已公開發表的「自述」，再強調「聊示子孫」，未免顯得矯情。

　　有了《論語・衛靈公》中「君子疾沒世而名不稱焉」的感歎，自認懷才不遇的文人學者，其自我表彰便顯得理直氣壯。「去冬咯血，至今未愈，日在藥爐火邊作生活」的王韜，撰《弢園老民自傳》，理由是「老民蓋懼沒世無聞，特自敘梗概如此」。「未入中年」的劉師培，也都因「百感併合」而賦《甲辰年自述詩》：

9　參見傅詩《傅雅三先生自訂年譜後記》、周盛傳《磨盾紀實自序》以及汪輝祖《病榻夢痕錄自序》。

　　恒子著書工自序，潘生懷舊述家風；廿年一枕黃粱夢，留得詩
篇證雪鴻。

雖也有「年華逝水兩蹉跎」的抑鬱與不平，但更多的仍是躊躇滿志。
其實，所有的自述，不管其姿態如何低微、謙恭，骨子裡仍透出一股
傲氣。繆荃孫《藝風老人年譜》開篇自稱「無可記錄」，可馬上又是
「身歷十六省，著書二百卷」，不妨「略志雪鴻」。不管是感歎「平生
所懷，百未一償」，而「忽焉老至」（羅振玉《集蓼編》），還是將人生
比作一次「壯遊」，只是希望「留一點跡爪」（王雲五《岫廬八十自
述》），姿態萬千的學者自述，其實都脫不開「自鳴」的基本特徵。

　　學者之所以願意自述，借用盧梭的話來說，便是自信「除了他本
人外，沒有人能寫出一個人的一生」。因為，「真實的生活只有他本人
才知道」。為了「不願人家把我描繪得不像我自己」，[10] 盧梭創作了
《懺悔錄》；基於同樣的理由，現代中國學者寫下了各種各樣的自敘
傳。這種「我最了解我自己」的假設，不見得每個自述者都堅信不
疑；或許，《錢仲聯自傳·前言》中的提法，更容易為作者和讀者所
接受：「當然自己寫自己的事，近似回憶錄，總比他人根據傳聞而寫
的要可靠。」即便誠實、嚴謹的學者，其自述也並非天衣無縫，仍大
有可質疑處。這一點，留待下面論述。此處只想指出，認定「自述」
比「傳聞」可靠，乃支撐起大量學者自傳及自定年譜的理論根基。

　　正因為自述「可靠」，往往被史家視為難得的第一手資料。對於
有「歷史癖」的作者和讀者來說，寫作自敘傳，因而是個極大的誘
惑。錢穆在《師友雜憶·序》中稱：「讀此雜憶者，苟以研尋中國現

10　〔法〕盧梭：《懺悔錄》，第二部，范希衡譯，814、819頁，北京，人民文學出版社，
　　1982。

代社會史之目光視之，亦未嘗不足添一客觀之旁證。」而自稱閱讀過五百種以上的傳記文學專集，且促成周作人撰寫回憶錄的曹聚仁，在其《我與我的世界・代序》中更如此表白：

> 從我是一個研究歷史的人來說，把第一手史料保留起來，也真的「匹夫有責」了。這是我決定談談過去經歷的主因。

比起錢、曹諸君「補正史之闕」的自信，《知堂回想錄》之故作低調，自認瑣碎，要求讀者「姑且當作『大頭天話』（兒時所說的民間故事）去聽，或者可以且作消閒之一助吧」，反而顯得不夠真誠與坦率了。因為，《緣起》所說的「消閒」，與《後記》再三強調的「只知道據實直寫」，明顯牴牾。實際上，周氏希望提供的，乃「信史」，而非「閒書」。

相對於飽經滄桑、功成名就者的「八十自述」，初出茅廬、志氣遠大者的「三十自紀」，可就別有一番滋味在心頭。當然也會略述行誼與經歷，但更多的是感慨歲月蹉跎，壯志未酬。《林語堂自傳・弁言》所說的借寫自傳「分析我自己」，在此類著述中得到比較充分的表現。譚嗣同、梁啟超的「平旦自思」，雖則真誠，可惜略嫌空泛；遠不若王國維的自我分析深入。王氏的兩篇《三十自序》，一述「數年間為學之事」，一述「為學之結果」。後者的辨析學說之可愛與可信、哲學與哲學史，以及「近日之嗜好所以漸由哲學移於文學」，都是博學深思後的悟道之語。此類借自述清理思路，確定重新出發的路徑，另外一個成功的例證，可舉出顧頡剛為《古史辨》第一冊所寫的《自序》。顧氏自認「是一個初進學問界的人」，之所以「貿貿然來做這種自傳性的序文」，除了總結研究古史的方法，更想分析面臨的困境，提出亟待解決的問題。事實上，王、顧二君日後學術上的進展，

與其「自述」所表達的意願，大致吻合。

學者之所以熱衷於「自述」，因其不只提供史料，本身便可能是成功的著作。唐文治《茹經先生自訂年譜·題辭》稱自幼喜讀先賢年譜，方才「志氣發揚，更慨然以建功立業為事」。由此推論：「立德立功者，必以前賢年譜為先路之導。」正是基於此「有益後學」的想像，不少著名學者方才講述「我的自學小史」（梁漱溟），或「我在教育界的經驗」（蔡元培）。羅爾綱《師門五年記·自序》說得更清楚：「我覺得我這一段從師故事，或許可以使青年人領會得到一位當代大師那一條教人不苟且的教訓，去做治學任事的信條吧。」林語堂也承認自傳「確是一種可喜可樂的讀品」，不過加了個限制，那就是文章必須「涵有乖巧的幽默，和相當的『自知之明』」。[11] 一著眼道德教誨，一強調文章趣味，合起來，方是自敘傳獨特的魅力所在。

為後人提供有益的讀物，這種強烈的責任感與功名心，固然可欽可佩；可學者自述，不只為了他人，更重要的，是為了自己。對於具有詩人氣質的學者來說，自述乃留住春夢的唯一策略。陳寅恪《寒柳堂記夢未定稿·弁言》有云：

> 東坡詩云，「事如春夢了無痕」。但又云，「九重新掃舊巢痕」。夫九重之舊巢亦夢也。舊巢之舊痕既可掃，則寅恪三世及本身舊事之夢痕，豈可不記耶？

清人汪輝祖的自定年譜題為《病榻夢痕錄》，序言中也引東坡詩句，但「不敢視事如夢」，仍希望子孫讀此而「知涉世之艱，保身之不易也」。寅恪先生則無一語及於教誨，在提供歷史證辭的同時，撫今思

---

11 林語堂：《八十自敘》，82頁，北京，寶文堂書店，1990。

昔，感慨萬千。據說撰稿之初，先生曾對助手言：「此書將來作為我的自撰年譜。」[12]晚年心血所寄，可惜只存零星殘稿，年譜全貌因而無從揣摩。即便如此，三十年後拜讀遺文，仍能感覺到先生沉入歷史深處時的神情與風采——那定然是充滿惆悵而又洋溢著歡樂的時光。在某種意義上說，追憶往事，乃閱歷豐富者「自我娛樂」的最佳手段。

學者願意自述，其實不一定非找到冠冕堂皇的理由不可。撫今思昔，乃人之常情；飽經滄桑的長者，更有理由沉涵於過去的回憶。這一點，茅盾說得很坦然，也很實在：

> 人到了老年，自知來日無多，回憶過去，凡所見所聞所親身經歷，一時都如斷爛影片，呈現腦海。此時百感交集，又百無聊賴。於是便有把有生以來所見所聞所親身經歷者寫出來的意念。[13]

對於學者來說，將「追憶往事」作為正業來從事，確實是「百感交集」。既是對曾經輝煌的「過去」的思念，也是對百無聊賴的「老年」的感歎。這也是許多學者傾向於將自敘傳留待晚年來完成的原因。「自知來日無多」，於是希望借助「自述」，使自己的學術生命得以延續。問題在於，真正的「讀書種子」，往往「不知老之將至」。需要某種契機，方才促使其中斷長期從事的學術研究，沉入對於往事的追憶。清人自定年譜，往往是譜主病中口述，命弟子或兒孫作記；錢大昕五十七歲那年大病一場，「自謂必不起矣」，於是方才「病中自編年

---

12 蔣天樞：《陳寅恪先生編年事輯》，166頁，上海，上海古籍出版社，1981。
13 茅盾：《〈我走過的道路〉序》，見《我走過的道路》，北京，人民文學出版社，1981-1988。

譜一卷」。[14]現代學者中，也頗多像陳寅恪那樣，深感「今既屆暮齒，若不於此時成之，則恐無及」[15]，因而從事自述者。其中最具戲劇性的，莫過於楊守敬的篤信三十年前推命，認定「今年命將盡」，於是從弟子請而「追述生平」──事實上，楊氏也只比預想的多活了三年。

倘若承認學者的「自述生平」，也是一種獨立的著述；那麼，除了了解學者自述的動機，更應該追究其自述的體式，如何成就並限制了這些歷史證辭兼自我評說的產生。

二　自傳與自定年譜

一九一四年九月，其時正留學美國的胡適，在其《藏暉室札記》中比較東西方傳記的差異，批評古來中國傳記之四大短處；緊接著，筆鋒一轉：

> 吾國人自作年譜日記者頗多。年譜尤近西人之自傳矣。

如此神來之筆，日後在胡適關於「傳記文學」的提倡中，得到了進一步的發揮。以司馬遷、王充的自敘，來配弗蘭克林、斯賓塞的自傳，確實不成比例；可倘若引入明清兩代著名學者的自定年譜，所謂東方傳記「太略」、「多本官書」、「靜而不動」等指責，可就落空了。三〇年代，胡適終於找到了「確證」，正式將自定年譜與自傳掛鉤。斷言《葉天寥年譜》「可算是一部好的自傳」，得益於周作人的提醒；認定

---

14 前者如王士禛《漁洋山人自撰年譜》、汪輝祖《病榻夢痕錄》等；後者見錢大昕《竹汀居士年譜》「乾隆四十九年」則。

15 陳寅恪：《寒柳堂記夢未定稿·弁言》，見《寒柳堂集》，上海，上海古籍出版社，1980。

《羅壯勇公年譜》「在自傳中為第一流作品」，方才屬於胡適的發現。[16]
前者的文章趣味，其實與適之先生相左；後者的史料價值，無疑更合
胡君的口味。晚年在臺北介紹「中國最近一二百年來最有趣味的傳
記」，胡適將《葉天寥年譜》替換成汪輝祖的《病榻夢痕錄》，原因是
後者可讓人「了解當時的宗教信仰和經濟生活」。[17]也正是著眼於史
料，胡適在表彰汪、羅之作後，稱其父胡傳的《鈍夫年譜》「是自傳
中最難得的好作品」，並準備「加上他的日記」，以湊成一部完整的自
傳。[18]將日記看做「自傳的一部分」[19]，並非胡適個人的獨好。清人
李塨編《顏習齋先生年譜》，多依據譜主日記；近人楊樹達作《積微
翁回憶錄》，更是日記的摘編。

　　這裡暫時避開日記與自傳、年譜的關係，著重討論西人自傳傳入
後，中國學者如何自述生平。大致而言，比較傳統的學者傾向於年
譜，而相對西化的學者則喜歡自傳；清末民初年譜占了上風，而近年
則是自傳和回憶錄的天下。這種閉著眼睛也能想像得到的「大趨
勢」，掩蓋了更值得關注的「小問題」：自定年譜與西人自傳的對話，
以及由此而來的互動。

　　之所以談「自傳」而強調出於西人之手，並不是說中國古來無此
文體；恰恰相反，「自傳」在中國古已有之。只是此等漢人已有先例
的「自傳」，並不構成對於自定年譜的巨大挑戰，也並非二十世紀中
國學者自述生平時取法的主要目標。勞乃宣《題自訂年譜後》十六

---

16 參見胡適分別刊於《人間世》第2、3期（1934年4、5月）的關於《葉天寥年譜》和
　　《羅壯勇公年譜》的「讀書小記」。

17 胡適：《胡適古典文學研究論集》，1330-1334頁，上海，上海古籍出版社，1988。

18 胡頌平編：《胡適之先生年譜長編初稿》，3169、3220頁，臺北，聯經出版事業公
　　司，1984。

19 1960年，胡適在談及「我自己的『自述』」時，舉出《四十自述》《逼上梁山》和
　　《藏暉室札記》，參見《胡適之先生年譜長編初稿》，3194頁。

首，最後一則云：

> 回頭往事已成煙，聊記鴻泥舊日緣。自序敢希班馬筆，願隨五
> 柳傳同傳。

將不同源流的自定年譜與自序、自紀、自傳等相提並論，如此「文史不分」，很難說是「偶然的過失」。不管是文人氣的徐渭、王士禎，還是學者型的孫奇逢、錢大昕，都不會將其自定年譜比附司馬遷的《太史公自序》，或者陶淵明的《五柳先生傳》。因為，在古代中國，這是兩類截然不同的著述，一歸史著，一屬文章。勞氏不辨源流，亂攀親戚，如此充滿創造性的「誤讀」，其實很有意思。現代讀者認同的，很可能正是勞氏的「謬見」：所謂「自序」、「自傳」與「自定年譜」，其淵源與體式固然大有區別，但既然都是「自述」，也就具備可比性。

這種打通自序、自紀與自定年譜的思路，很大程度上得益於西人自傳的輸入。述過「歐美名士，多為自傳」，而後方才是司馬遷等人「附於所著書後」的自序，以及孫奇逢諸君的自定年譜──梁啟超的這一論述策略，並非空穴來風。在《中國近三百年學術史》以及《中國歷史研究法補編》中，梁氏都是用歐美的自傳，來統馭並詮釋古已有之的自序或自定年譜。照梁氏的說法，同屬自敘傳，由自序過渡到自定年譜，「勢子自然很順」；可為何後者「起得很晚」，梁氏卻沒有深究。稱孫奇逢為撰寫自定年譜「最早的一個」[20]，自是失考；可從漢人的「自序」，一跳而為清人的「自定年譜」，如此大的歷史跨度，無論如何不能說是順理成章。

自定年譜除了譜主自撰或口述，更重要的特徵是「排次事實，繫

---

20 梁啟超：《中國歷史研究法》，211頁，上海，上海古籍出版社，1987。

以年月」。[21]因而，其最為直接的淵源，應是年譜，而非自序。清代學者論及年譜一體之創立，多歸功於宋人。其中，尤以章學誠《韓柳二先生年譜書後》的論述最為精彩：

> 年譜之體，仿於宋人考次前人撰著，因而譜其生平時事與其人之出處進退，而知其所以為言，是亦論世知人之學也。

以譜主的生平歲月為經緯，這一敘述體例，凸顯了文人學者之「用功先後」與「學問變化」。[22]因而，「繫以年月」，成了此類著述的關鍵。儘管明清以下，不時有人提出將《論語》中「吾十有五而志於學」那段有名的夫子自道，作為最早的自定年譜；近年更因雲夢秦簡中出現喜這個人物的編年記，年譜溯源之爭，有可能再燃烽火。[23]在我看來，目前能夠找到的史料，只能證明先秦已偶有為個人而編年紀事；至於從編年、紀傳、譜牒等演變而來的年譜，其創立之功，似乎仍只能判歸宋人。

宋人之「為年譜以次第其出處歲月」，主要是為了知人論世，並「得以究其辭力之如何」。[24]因此，關於文人學者的年譜，數量最多，體例也最為完善。在已知一百四十餘種宋人所編纂的年譜中，至少有兩種屬於自撰，那就是劉摯《劉忠肅公行年記》（已佚）和文天祥《文山紀年錄》。明清兩代，自定年譜數量逐漸增加，但其與年譜的

---

21 參見錢大昕《潛研堂文集》卷二十六之《鄭康成年譜序》《歸震川先生年譜序》等。
22 章學誠：《章氏遺書》卷二十一《劉忠介公年譜敘》。
23 參見來新夏《近三百年人物年譜知見錄》（上海，上海人民出版社，1983）中的《清人年譜的初步研究（代序）》、謝巍《中國歷代人物年譜考錄》（北京，中華書局，1992）中的《年譜的作用和價值（代序）》和吳洪澤《宋人年譜集目・宋編宋人年譜選刊》（成都，巴蜀書社，1995）的《前言》。
24 參見文安禮《柳文年譜後序》和呂大防《韓吏部文公集年譜後記》。

關係，依然是「剪不斷，理還亂」。最明顯的例證是，不少自定年譜乃譜主提供大綱或親自口述，而由其門生整理補注（如《孫夏峰先生年譜》《漁洋山人自撰年譜》《李恕谷先生年譜》等）。年譜與自定年譜的界限不太明晰，正好說明二者的因緣極深。

將是否「繫以年月」放在第一位，而後才區分自撰或他撰，這是因為，「時間」乃年譜的第一要素。梁啟超在《中國近三百年學術史》中盛讚司馬遷、王充、劉知幾等人附在書後的自序與自紀，「尤能以真性情活面目示吾儕」，而對自撰墓誌銘等「文人發牢騷之言」，則頗有微辭。自序、自傳以及自撰墓誌銘等，提供的史料或多或少、或真或偽，但都屬於「文章」；而年譜和自定年譜，即便附於文集刊行，也只是被作為「史籍」閱讀評判。對於後者來說，體例謹嚴、考證詳實，便足以成為傳世之作。而對於前者，讀者更多地要求文章趣味，至於所述是否「真實可信」，反倒不是最要緊的。

西方自傳的傳入，無意中化解了自序與年譜之間的緊張關係。「傳記文學」的提法，更是凸顯了溝通文史的意願。借用胡適《四十自述》的表白，寫作自敘傳，追求的是「可讀而又可信」。自序之「可讀」與年譜之「可信」，在理想的自敘傳中，將得到完美的結合。王韜及其友人蔣敦復之自述，雖也有「文人發牢騷之言」，但已兼具史學意味。蔣、王二君長期「與英吉利人遊」，是否受西方自傳影響，沒有確鑿的證據。[25]丁福保稱其《疇隱居士自訂年譜》「謂之自序可，謂之自訂年譜亦可，謂之言舊錄亦無不可」[26]；此說極富魅力，可惜從體例到筆法，丁譜並無任何革新。

---

25 王韜《弢園老民自傳》中提到的上海西館時代友人蔣劍人（名敦復，1808-1867），其《麗農山人自敘》對王韜寫作自傳有明顯的影響。

26 丁福保的自定年譜版本甚多，各本記時長短及記事詳略多有不同。這裡的引文出自刊於1925年版《佛學大辭典》卷首者，但這段話撰於四年前。

倒是俞樾的《曲園自述詩》，無意中打破了年譜與自序的界限，在內在精神上，更接近於西方的回憶錄。以詩撰譜，俞樾前有古人，後有來者，只是均不若其聲名顯赫。[27]《曲園自述詩》成於己丑（1889）五月，凡一百九十九首，詩下以雙行夾註，補出事實。十二年後，作者又作《補自述詩》八十首，體例一如前作，述至八十三歲止。自述詩的排列，雖依年代先後，卻並非各詩均「繫以年月」。記載著述或科名者，大都有明確的紀年；至於描摹民俗風情，可就沒有確定時間了。年譜通常只記大事，「自述詩」則必須兼顧詩意盎然的日常瑣事。就以日後俞平伯（乳名僧寶）追憶為「九秩衰翁燈影坐，口摹笤帖教重孫」的畫面為例，請看曲園先生如何「自述」：

> 嬌小曾孫愛似珍，憐他塗抹未停勻。晨窗日日磨丹矸，描紙親書上大人。（小兒初學字，以朱字令其以墨筆描寫，謂之描紙。「上大人孔乙己」等二十五字，宋時已有此語，不知所自始。僧寶雖未能書，性喜塗抹，每日為書一紙，令其描寫）

正是此等不避瑣事，多記閒情，使得自述詩與自定年譜拉開了距離——後者容易趨於正襟危坐。而這兩者的區別，很像回憶錄與自傳的差異。

「自述詩」之敘事，畢竟有很大的限制，對於注重史料的學者來說，尤其不能容忍其本末倒置的「以詩帶事」。但是，晚清以降，即便史學意識很強的學者，其自述的體例與策略，也都發生了巨大的變化。一個明顯的標誌，便是自定年譜與西式自傳的邊界變得日益模

---

27 前者如清人金之俊《年譜韻編》、史澄《七十壽翁詩》，後者則有近人夏仁虎《枝巢六十自述詩》、錢文選《錢士青六十自述詩》等。

糊。《康南海自編年譜》之定名《我史》，還只是在題目上變花樣；
《吳宓自編年譜》插入了許多有趣的社會風情、旁枝細節，明顯是作
為文章來寫作；廖平撰《四益館經學四變記》，如此專業化的著述，
竟自稱「聊以當年譜耳」；楊樹達自述生平，明明按年月日排纂，偏
偏不叫「年譜」，而叫「回憶錄」。

最有趣的，當屬《〈古史辨〉第一冊自序》和《三松堂自序》。單
看題目，不難明白其淵源所自。一稱喜歡讀「帶有傳記性的序跋」，
一贊「傳統體例，有足多者」，顧、馮於是做起現代人的「自序」
來。只是顧頡剛之盡情揮灑，已非司馬遷所能範圍；馮友蘭的「憶往
思，述舊聞，懷古人，望未來」，寫成一部二十五萬字的大書，更非
劉知幾所能想像。顧、馮二位都是史學大家，其撰寫「自序」時的
「下筆不能自休」，並非不明體例，而是以西方文人學者的「自傳」
為憑藉和潛在樣板。

更能說明現代中國學者的自述，與西人的自傳密不可分者，莫過
於如下事實：不少為國人所讚歎不已的自敘傳，原本是用英文寫作，
而後才譯成中文的。比如，容閎的《我在美國和在中國生活的追
憶》、蔣夢麟的《西潮》，以及《趙元任早年自傳》《林語堂自傳》和
《胡適口述自傳》等。不難想像，這些以西方人為擬想讀者的作品，
其追摹的，自然只能是西人的自傳。據說蔣夢麟之用英文寫作，就因
為防空洞裡既無桌椅，又無燈光，用英文寫作，「可以閉起眼睛不假
思索地畫下去」。[28]如此戲劇性的描述，依然沒能消解以下假設：選擇
英文寫作，也就必然選擇了西人自傳的趣味。

蔣夢麟等人用英文撰寫自傳，大都心態自如，筆墨瀟灑。另外一
些學者則不然，埋怨「自傳」這一體式過於冠冕堂皇。魯迅自稱「不

---

28 劉紹唐：《〈西潮〉與〈新潮〉》，載（臺北）《傳記文學》，11卷2期，1967年8月。

寫自傳」，卻又抵擋不住「思鄉的蠱惑」[29]，於是以回憶錄形式，寫下了獨具一格的《朝花夕拾》。蔣維喬也嫌自傳「體裁比較嚴謹，材料也要豐富」，故寧願以《我的生平》為題，錄下若干早年的記憶。蔡元培對撰寫自傳，似乎也有畏懼心理；不過他所選擇的《自寫年譜》，也不是輕鬆的文體。子民先生的解釋是：「自傳因頭緒頗繁，不適於旅行中之準備（參考書既不完全，工作亦時時中輟）。」[30]其實，自傳與自定年譜，哪一種更瀟灑、更隨意，純屬個人感覺，與各自所受的學術訓練有關。這裡有個例外，教西洋文學的吳宓，偏偏選擇了「自編年譜」。可略作品味，便會發現，吳譜之縱橫恣肆，妙趣橫生，與明清兩代眾多言簡意賅的自定年譜，還是大異其趣。

「自序」與「自定年譜」壁障的打通，同「自傳」與「回憶錄」的引進密切相關。因此，可以說現代中國學者的自敘傳，之所以異彩紛呈，得益於西學東漸的大趨勢。可仔細傾聽，學者們之強調「我與我的世界」、迴避「懺悔」與「詩」，突出「朝花夕拾」與「師友雜憶」，又依稀可辨古老中國悠揚的回聲。

三 「我與我的世界」

曹聚仁將其自敘傳題為《我與我的世界》，並在其中「插說一段話」，表白此書的敘述策略：

> 我這回所寫的，著眼在「我的世界」，至於「我」這一部分，只是用作串珠的線，可作交待之用就是了。

---

29 魯迅：《魯迅全集》，13卷，376頁；2卷，230頁，北京，人民文學出版社，1981。
30 高平叔編：《蔡元培全集》，7卷，230頁，北京，中華書局，1989。

曹氏自稱「頗想勾畫出我們那一世代的生活輪廓」，故其所述，比《太史公自序》要「更廣大一些」。[31]以「我的生平」為中心，可又不囿於「我」有限的經歷與見聞，這對於有「歷史癖」的中國學者來說，是個很有誘惑力的挑戰。

蔣夢麟《西潮》第一部第一章有一句妙語，可說是代表了許多中國學者的趣味，也大致體現了他們的追求：

> 我原先的計劃只是想寫下我對祖國的所見所感，但是當我讓這些心目中的景象一一展布在紙上時，我所寫下的可就有點像自傳，有點像回憶錄，也有點像近代史。

《西潮》共六部三十四章，其中第四部「國家統一」基本不見作者的身影，第七部「現代世界中的中國」，更是關於中日關係、中國文化特徵以及現代文明命運等大題目的論述。在一部自述傳裡，三分之一的篇幅竟與作者本人無關，這確實是個大膽的嘗試。曹聚仁將此書「看得跟李劍農先生的《近百年中國政治史》等量齊觀」[32]，自然是一種極高的讚賞。可太像近代史的自敘傳，未免模糊了傳主的自家面貌。偶一為之（尤其是寫給外國人），自是高招；大量推廣，則難免弄巧成拙。

「論世」當然有利於「知人」，但並非每個人的命運都能與偉大的歷史事件直接掛鉤。《寒柳堂記夢未定稿·弁言》有云：「寅恪以家世之故，稍稍得識數十年間興廢盛衰之關鍵。今日述之，可謂家史而兼信史歟？」陳氏以家世故，自述生平時必須為戊戌變法立專章；而

---

31 曹聚仁：《我與我的世界》，285頁，北京，人民文學出版社，1983。

32 同上書，564頁。

一介書生董作賓則完全有理由掉頭而去，關注第二年發生的一件將改變其命運的「小事」：「甲骨文字發現於河南省，彰德府，安陽縣，小屯村。」[33]在我看來，如此敘述，各得其所。也就是說，在描述「我」與「我的世界」時，首先必須明確自己在歷史中的位置。比如，同是三十自述，王國維連哪一年出生都不說，只強調「歲月不居，時節如流，犬馬之齒，已過三十」；而梁啟超的自報生年，則必須有一系列重大歷史事件作陪襯：

> 余生同治癸酉正月二十六日，實太平國亡於金陵後十年，清大學士曾國藩卒後一年，普法戰爭後三年，而意大利建國羅馬之歲也。

不難想像，梁、王心目中的「我的世界」，會如何天差地別。

　　活躍在政治舞臺上的康有為、章太炎、郭沫若，與固守書齋的楊樹達、呂思勉、黃雲眉，各有各的「我的世界」。這種「自我意識」，使得其選擇了不同的敘述策略。《康南海自編年譜》將一半的篇幅留給戊戌這一年；《太炎先生自定年譜》大講民國以後的政治活動，並以「授勳一位」作結；郭沫若寫了四卷自傳，其中涉及學術研究的只有收入第三卷的《我是中國人》一文，而且著重在控訴日本員警的迫害。不以尋常書生自命，康、章、郭於是更願意突出其經世才能與抱負。至於楊、呂、黃等，「性不喜談政治」（準確地說，是既不為，亦不能）[34]，故轉而集中介紹學界之是非，與自家著述之功過。

---

33 董作賓的《平廬影譜》不記戊戌變法，嚴一萍據此譜增輯而成的《董作賓先生年譜初稿》（見《董作賓先生全集》，12冊，臺北，藝文印書館，1977），在「1898年」則添上康梁出逃、楊銳被殺事，此舉似屬多餘。

34 楊樹達：《〈積微翁回憶錄〉自序》，見《積微翁回憶錄・積微居詩文鈔》，上海，上海古籍出版社，1986。

　　作為自敘傳中的「我的世界」，歷史事變太大，三言兩語說不清；自家著述又太小，讀起來不太過癮。倒是教育制度的變革、新式學堂的崛起、留學生活的趣味、文化出版的運作、學術思潮的形成等不大不小的題目，容易在「學者自述」中得到最佳表現。比如，齊如山、周作人談清末科舉考試；容閎、趙元任談留學生活；蔡元培、錢穆談大學教育；楊守敬、王先謙談校勘古書；茅盾、王雲五談現代出版業在文化建設中的作用；顧頡剛、侯外廬談學術思潮與流派的形成，等等，都是絕好的文化史料。倘若希望了解二十世紀中國學術進程，這批「學者自述」，將是無論如何也繞不過去的。舉一個小小的例子，談論學術史者，對以下這段文字大概都不會陌生：

> 宣統紀元，法國大學教授伯希和博士賃宅於京師蘇州，將啟行返國，所得敦煌鳴沙石室古卷軸已先運歸，尚有在行篋者。博士托其友為介，欲見予。乃以中秋晨驅車往。博士出示所得唐人寫本及石刻，詫為奇寶，乃與商影照十餘種，約同志數人觴之。

羅振玉《集蓼編》中的這段描述，對於了解二十世紀顯學之一的敦煌學的形成，無疑是不可替代的。

　　考慮到北京大學在現代中國思想文化史上的特殊地位，只要與其略有關聯，一般都會在「自述」中有所表示。關於五四運動和二十世紀三四十年代北大的追憶，無疑最容易引起作者與讀者的興趣。曾任校長的蔡元培、蔣夢麟、胡適不用說，名教授、名學生如周作人、馬敘倫、梁漱溟、顧頡剛、錢穆、馮友蘭等，都有十分精彩的證辭。由於各自所處位置以及所抱持的理想不同，對「學潮」的敘述與評價大相徑庭；落實在具體人物，除了蔡元培德高望重無可爭議外，餘者多

眾說紛紜。讀《知堂回想錄》，你會覺得當年北大的「三沈二馬」儒雅博學，且性情溫和；再讀《顧頡剛自傳》，「三沈二馬」則成了專門躲在背後挑撥離間、刺激周氏兄弟出來罵人的陰謀家。此類截然不同的追憶，最好對照著閱讀。或許正是這種觀察角度的差異，方才構成了真正意義上的「文化史」。

　　同是自述，學者之不同於文人、政客與商家，就在於其不只提供「史料」，更願意貢獻「史識」。像蔣夢麟那樣，真的將「自敘傳」作成「近代史」，借總結百年中國的「西風東漸」，來探討現代文化出路的，其實不太多；絕大部分自述者，更喜歡提供對於具體的歷史事件與人物的評判。容閎對其接觸的前後三位大臣曾國藩、李鴻章、張之洞的比較，寥寥數筆，卻很有見地。康有為關於戊戌變法前後君臣關係的描述，章太炎對孫中山處世為人的評價，不見得都在理，但畢竟「成一家之言」。[35]不過，話說回來，熟讀《世說新語》的學者們，其月旦人物，主要還是集中在學界同人。

　　正因為是同行，相互之間知根知底，容易相親，也容易相斥。一九四二年，吳宓被教育部任為西洋文學部聘教授，當天的日記稱：「此固不足榮，然得與陳寅恪（歷史）、湯用彤（哲學）兩兄並列，實宓之大幸矣！」一九五一年，杜國庠在中山大學演講時盛讚陳寅恪和容庚，遠在長沙的楊樹達聞知，在日記中寫下這麼兩句：「官吏尊重學人，固大佳事。然以容配陳，有辱寅恪矣！」第二年，大學評薪，楊樹達被定為最高級，但仍耿耿於懷：

　　　　平心論之，余評最高級，絕不為少；而與楊榮國、譚丕模同

---

35 《我在美國和在中國生活的追憶》（容閎）、《康南海自編年譜》和《太炎先生自定年譜》。

級，則認為一種侮辱也。[36]

不應將此等快人妙語，一概視為文人相輕或意氣之爭。限於著述的體例，吳、楊並沒有展開對陳寅恪等人的評價，但一稱「大幸」，一曰「侮辱」，不難發現論者的學術取向。至於錢穆稱「適之於史學，則似徘徊頡剛、孟真兩人之間」；馮友蘭評胡適《中國哲學史大綱》「既有漢學的長處又有漢學的短處」[37]，可就帶有學術史的味道了。學養豐厚者的自述，其中涉及學界同行，評判時往往一針見血。而且，因其多為晚年所作，「青梅煮酒論英雄」時，真的是肆無忌憚。此等寸鐵殺人般的品鑒，即便帶有明顯的偏見，作為同時代人的證辭，也都值得充分重視。

學者自敘傳中的「自我鑒定」，更是歷來為研究者所尊重與珍惜。具體著述的評判倒在其次，學術思路的醞釀與展開，幾乎只有本人最清楚。一八八八年康有為上書失敗，沈曾植「勸勿言國事，宜以金石陶遣」，於是有了《廣藝舟雙楫》之作；一八九〇年梁啟超初見康有為，被其「以大海潮音，作獅子吼，取其所挾持之數百年無用舊學更端駁詰，悉舉而摧陷廓清之」；一九〇二年，章太炎因「綜核名理」，由追躡秦漢，轉為取法三國兩晉，「於是文章漸變」……諸如此類學者治學過程中關鍵性的「轉折」，倘若不是本人道破，旁人即便窮搜博考，也都很難準確把握。至於具體的著述，也有許多壓在紙背的甘苦不為人知。學術成果的鑒定固然重要，但治學過程的描述，或許更有人情味，其文也更可讀。像《吉本自傳》述及寫完《羅馬帝國

---

36 吳學昭：《吳宓與陳寅恪》，109頁，北京，清華大學出版社，1992；楊樹達：《積微翁回憶錄·積微居詩文鈔》，331、352頁。

37 錢穆：《八十憶雙親·師友雜憶》，144頁，長沙，嶽麓書社，1986；馮友蘭：《三松堂自序》，223頁，北京，生活·讀書·新知三聯書店，1984。

衰亡史》那一瞬間的感受，實在是美不勝收。現代中國學者中，如馮友蘭之完成「貞元六書」、錢穆之撰寫《國史大綱》以及侯外廬的三譯《資本論》，都是書之外有事，書之中有人，頗具傳奇色彩。即使作為「故事」閱讀，也都值得再三品味。

時刻準備「為王者師」的士大夫，一轉而成為學院裡的專家學者，難得再有康有為那樣波瀾壯闊的人生。缺乏戲劇性，使得學者自述時更多關注自己學術思路的演進。自傳與年譜的寫作，因而可能日趨專業化。常常勸朋友寫自傳的胡適，對其學生羅爾綱所撰《師門五年記》極為讚賞，理由是：

> 爾綱這本自傳，據我所知，好像是自傳裡沒有見過的創體。從來沒有人這樣坦白詳細的描寫他做學問的經驗，從來也沒有人留下這樣親切的一幅師友切磋樂趣的圖畫。[38]

隻字不提日常瑣事，專講五年間師生的切磋學問，這點令同樣書生氣十足的適之先生非常感動。以致日後在美國口述自傳時，竟也毫不猶豫地捨棄了紅塵十丈的「世俗人生」。

其實，胡適與羅爾綱不同，不僅有豐富的社會閱歷，而且也曾介入現實政治，寫自傳時完全撇開這些，實在有點可惜。胡適願意「自囿於『學術範圍』之內」，寫成一部「別開生面、自成一格的『學術性的自傳』」，除了時間緊迫外，[39]更因其對「神聖」的學術癡情未改。這點，恰好與郭沫若形成了鮮明的對照。二位都是學有所成，而

---

38 胡適：《〈師門五年記〉序》，見羅爾綱：《師門五年記》，臺北，胡適自刊本，1958。
39 唐德剛：《寫在書前的譯後感》，見胡適口述、唐德剛譯：《胡適口述自傳》，北京，華文出版社，1992；胡適：《胡適雜憶》，唐德剛譯，30、255頁，北京，華文出版社，1990。

又身兼社會活動家，輪到自述生平時，郭著意強調其政治生涯，而胡則更欣賞自家的學術貢獻。單憑這一點，胡適便能博得後世無數學人的好感。不過，更重要的是，「適之先生是二十世紀中國學術思想史上的一位中心人物」[40]，其《口述自傳》撇開政治上的「傳奇故事」，大談「青年時期逐漸領悟的治學方法」「從文學革命到文藝復興」以及「現代學術與個人創獲」，不只是成就了一本「夫子自道的『胡適學案』」，[41]更幾乎構成半部現代中國學術史。

　　嚴格說來，每個從事自述的學者，都在寫作其心目中的「學術史」。當然，這裡所說的學術史，命裡注定，必是「殘缺不全」（世上固然沒有完美的學說，但卻有相對完整的陳述）。除了每個學者只能提供「一面之辭」，更因其未必真能充分了解自己、陳述自己。

四　「詩與真」的抉擇

　　回到第一節提出的問題：「我」是否「最了解我自己」、「自傳」是否就一定「比傳聞可靠」。十八世紀英國大史學家吉本在其回憶錄的「楔子」中，有這麼一段話：

　　　　我的姓名日後也許會列入一部《英國名人傳記集》的上千篇文章裡；因此我必須想到，要介紹我的一系列思想和行動，沒有

40　余英時：《中國近代思想史上的胡適》，6頁，臺北，聯經出版事業公司，1984。

41　唐德剛一再提醒讀者，現在所見的「口述自傳」，未及原先「大綱」之半（見《胡適口述自傳・編譯說明》和《胡適雜憶・歷史是怎樣口述的》），這自是事實。但據臺北傳記文學出版社1981年版《胡適口述自傳》所附《胡適之先生親筆所擬口述自傳大綱》影本，即使胡適完成原定計劃，也仍是以其學術著作（《白話文學史》《中古思想史》《說儒》等）和文化活動（重建北京大學、籌辦《獨立評論》等）為中心，故唐德剛「胡適學案」之說依然成立。

人能像我自己那樣完全合格了。

一個半世紀後，羅振玉在其自述《集蓼編》的開篇，表達了另一種意見：

　　且自敘，語皆質實，較異日求他人作表狀，以虛辭諛我，不差勝乎？

二人都認定其「自述」比後人所寫的「傳記」更有價值，可理由迥異。羅振玉擔心的是，後人會把「學行遠愧昔賢」的「我」說得太好（是否真如此，暫且不論）；吉本則害怕學究們的刻板介紹，會使「我」變成一個沒有趣味的人。這裡似乎隱含著東西方學者對「自述」的不同期待：前者強調「真實」，後者則更看重「有趣」。[42]在一個相對封閉的文學——學術傳統裡，作者的自許與讀者的評價，很容易成為「共謀」。蒙田、盧梭、歌德以及吉本等人的自述，常被作為文章欣賞；而約略同時代的徐渭、葉天寥、孫奇逢、王士禎等人的自述，則只能歸入史著。

　　不只是明清兩代的自定年譜，漢人唐人的自敘，也因其能夠入史，得到廣泛而長久的讚譽。《史記》《漢書》《晉書》《梁書》等之引錄文人自敘，通篇照錄或整段擷取者多注出處；至於片言隻語，可就沒必要聲明來歷了。文人通過自敘，有可能影響史家的見解，甚至讓「自畫像」直接進入正史，這無疑是個極大的誘惑。事實上，古往今來的史家，對於名人之「自述」，從不敢掉以輕心。大到歷史事件的

---

42 吉本稱自畫像往往是傳主「著作中最有趣的」，因其描述真摯，寫出了人物的心靈、性情與胸襟。參見〔英〕愛德華‧吉本：《吉本自傳》，戴子欽譯，4-5頁，北京，生活‧讀書‧新知三聯書店，1989。

描述，小至少年生活的追憶，現代中國學者的自述，同樣為史家所珍惜，並在形形色色的史著中，以各種面貌出現——或直接引錄，或間接轉述，或作為注腳。這種對「自畫像」（尤其是學者的自畫像）的充分尊重，當然是根據「自述」比「傳聞」可靠的假設。

梁啟超曾斷言年譜中自撰者價值最高，「蓋實寫其所經歷所感想，有非他人所能及者也」；王雲五更想像不管自訂、口述抑或門人故舊所撰，年譜「鮮有顧忌」，故「所述言行史實大都詳確」。[43]如此理想的自述者，不能說沒有；可問題還有另一面：正因利害相關，故意隱瞞事實歪曲真相的，當更為普遍。清人章學誠區分一國之史、一家之史與一人之史，希望三者能夠互相配合；但提醒史家注意，後者（傳志或年譜）往往「私而多諛」。[44]胡適則感歎中國人「多忌諱」、「缺乏說老實話的習慣」，因而難以寫出「可靠的生動的傳記」。[45]相對來說，梁、王懸得過高，只是標示了自傳寫作的理想境界；而章、胡的憂慮，牽涉到對現代中國學者自述的理解與評價，因而更值得注意。

由於文人自敘可能直接進入正史，時人及後世的評價，自然集中在是否「詞不矜大而事皆明備」。像劉禹錫那樣不諱言與王叔文的關係，或者像裴度那樣善於自嘲，可以博得滿堂彩。[46]至於馮道、江總「最堪連類」的兩篇自敘，則只能換來一句「其可謂無廉恥者矣」。[47]進入二十世紀，學者自述時，歷史框架與文體意識均發生巨大變化，唯獨對於「詞不矜大」的追求沒有絲毫移動。曹聚仁專門敲打那些勇於立言的「誇大狂」，嘲笑其自傳「失之於浮誇，顛倒了輕重」；侯外

---

43 參見梁啟超《中國近三百年學術史》第十五章和王雲五為臺北商務印書館《新編中國名人年譜集成》所寫的總序。

44 章學誠：《章氏遺書》卷十四《州縣請立志科議》。

45 參見胡適《〈南通張季直先生傳記〉序》和《傳記文學》二文。

46 參見陳鴻墀纂：《全唐文紀事》，571頁，上海，上海古籍出版社，1987。

47 錢鍾書：《管錐編》，1545-1546頁，北京，中華書局，1979。

盧承認「做為一個史學工作者寫回憶」，對史實之準確必須有更高的
要求；楊守敬自稱記憶可能有誤，「然不敢虛浮妄作」；馬敘倫則乾脆
聲明：「我從得了神經衰弱病以後，記憶力日差」，言下之意，即使出
現誤差，也非有意作偽。[48]追憶逝水年華，從來就不可能沒有絲毫誤
差。中國學者需要如此再三表白，可見「真實性」在其心目中的地位
至高無上。

「戒浮妄」成了自傳寫作的第一信條，這就難怪中國學者幾乎千
篇一律地在其自述的「前言」「後記」中，表明「存真」的強烈願
望。有趣的是，這一優良傳統，竟演化成對於「自述中的詩性」的恐
懼。作為表徵，不妨以對歌德自傳《詩與真》的不恭為例。在《留德
十年》的「楔子」中，季羨林闡述其不同於歌德的創作原則：「我這
裡只有 Wahrheit，而無 Dichtung」（季將歌德自傳譯為《創作與真
理》，故此語應是「我這裡只有真理，而無創作」）。這段話，與周作
人的《〈知堂回想錄〉後序》如出一轍：「裡邊並沒有什麼詩，乃是完
全只憑真實所寫的」（周將歌德自傳譯為《詩與真實》）。對於「詩」
或「創作」的拒絕，使得周主張「據實直寫」，而季則強調「實事求
是」。與周、季二君對文學家自傳的不滿相映成趣的，是胡適撰寫
《四十自述》時的中途轉向。據此書的《自序》稱，作者本想寫成
「小說式的文字」，剛完成了第一篇，便因「受史學訓練深於文學訓
練」，又「回到了謹嚴的歷史敘述的老路上去了」。

學者自述時之選擇「真」而排斥「詩」，不只是源於「史學訓
練」，更重要的是「文化趣味」；而趣味的養成，有賴於整個社會的價
值系統。為了表示言之有據，儘量排除自述時的虛構、造作與修飾，

---

48 參見曹聚仁《我與我的世界》、侯外廬《韌的追求》（北京，生活‧讀書‧新知三聯
書店，1985）、楊守敬《鄰蘇老人年譜》（1915年石印本）的自序以及馬敘倫《我在
六十歲以前》（北京，生活‧讀書‧新知三聯書店，1983）118頁。

周作人、季羨林喜歡在回憶錄中引錄舊日記；楊樹達則乾脆將「回憶錄」變成「日記摘編」。另外，胡適、吳宓等幾十年持之以恆寫作的日記，也曾在其自述生平時發揮極大的作用。[49]《齊如山回憶錄》第十四章中有一段話，頗能說明國人對於「有日記作根據」的自傳（包括自定年譜與回憶錄）的好感：

> 我就很後悔我從前沒有寫日記，現在想寫點東西，有時記不清就不能寫了，記不清的已經不能寫，一點也不記得的就更不能寫了，這是多堪追悔的事情，而別人還誇獎我記得的多，真是又悔又愧。

日記能夠為「追憶」提供線索，減少不必要的失誤，故歷來為自述者所重視。清人所撰《顏習齋先生年譜》和《李恕谷先生年譜》，已經大量採用譜主的日記。周作人與胡適之強調只憑記憶不可靠，必須有日記作依據，不過將此傳統發揚光大。[50]至於那些沒有日記可誇耀的自述者（如茅盾、侯外廬等），則往往突出渲染其查核報刊、博考檔案以及諮詢友朋。如此認真嚴肅的寫作態度，使得「學者自述」比起「文人自述」，在提供史實方面，更具權威性。

　　不過，這種「權威性」，只是相對而言。學者自述時常常標榜的「只記事實」，並非無懈可擊。儘管周作人表示不願「自畫自贊」，但這確實正是「自述」的文體特徵；「好漢專提當年勇」，不該受到過多

---

49 參見唐德剛《胡適雜憶》中「歷史是怎樣口述的」章，以及對照《吳宓自編年譜》和吳學昭據《吳宓日記》摘編的《吳宓與陳寅恪》（《吳宓日記》即將由三聯書店出版，屆時當更能看出其年譜與日記的關係）。

50 周作人：《知堂集外文・〈亦報〉隨筆》，424頁，長沙，嶽麓書社，1988；胡頌平：《胡適之先生年譜長編初稿》，3590頁。

的嘲諷。[51]任何一個自述者，都願意而且必定從「最好的角度」來描述自己。在漫長歲月中選擇某一時刻、在無數事件中凸顯某些情景，都不是無緣無故的。即使是那些最具自我反省意識的自述者，其追溯過去，也受制於今日的生存處境與文化追求。因此，其記錄下來的「事實」，可能是真的；但被有意無意篩選掉的，同樣也是真的。而且，並非所有的「事實」都能完整地呈現，思想學說的精微之處，便難以用言語傳達。[52]更何況「敘述」中包含「詮釋」，而詮釋的框架只能屬於「今日之我」。像胡適那樣「思想前後一致」，晚年自述時「沒有進步」，[53]對於自敘傳的寫作來說，反而是件好事。絕大部分自述者，則是立足於當下，重新結構歷史並闡述自我。

「今日之我」的處境，必定影響「今日之我」的心情與自我評價。其「自述」，因而不可能只是「事實」。年少氣盛的劉師培，「自言生平治學之法」時，未免誇大其詞；處於思想改造狀態下的呂思勉，對自家著述雖多有辯解，卻必須檢討「馬列主義，愧未深求」。[54]最能說明生存處境對於學者自述的深刻影響的，或許當屬如下二例。顧頡剛和吳宓都與魯迅有過很不愉快的爭執，自述生平時，這無疑是個不該繞過去的難題。以魯迅在當代中國的特殊地位，顧、吳自述時的尷尬可想而知。《顧頡剛自傳》寫作於二十世紀五〇年代，還能自

---

51 參見周作人：《知堂回想錄》，715頁；胡適：《胡適口述自傳》，172頁。

52 在《梁漱溟問答錄・序》（長沙，湖南人民出版社，1988）中，梁氏自稱只能「著重於政治社會活動」，而較少涉及「我的哲學思想、學術研究等方面」。蔣維喬對此困境有充分的了解，《我的生平》（載《宇宙風乙刊》，23-25期，1940年4-6月）連「精神修養法」都避而不談，更不要說深邃的佛學。理由是，此中奧妙，「不是言語所能盡情表出的」。

53 參見唐德剛：《寫在書前的譯後感》，見《胡適口述自傳》。

54 參見劉師培：《甲辰年自述詩》，載《警鐘日報》1904-09-07-1904-09-12；呂思勉：《三反及思想改造學習總結》，見《常州文史資料》，5輯，1984。

我辯解，而且語氣相當強硬（即使到了九〇年代，發表時都必須有所刪節）；《吳宓自編年譜》撰寫於「文化大革命」中，可就沒有這種便利了。其一九二二年則，專門提及《估〈學衡〉》一文，稱「魯迅先生此言，實甚公允」。接下來解釋第一期登錄邵祖平古文乃胡先驌之過，已屬多餘；下面這段話，尤其令人傷心：

> 而彼邵祖平乃以此記恨魯迅先生，至有1951年冬，在重慶詆毀魯迅先生之事，禍累幾及於宓，亦可謂不智之甚者矣。

吳宓本性天真率直，如此懼禍[55]，更顯形勢之嚴峻，實非個人能力所能抗拒。討論學者自述時，倘若不將此類外在的壓力考慮在內，難得同情之了解。

當下的心境，制約著「我」對於過去的敘述。反過來，過去的心境，又是如何在今日的著述中呈現的呢？學者自述，一旦跨越「有案可稽」的事件與著述，涉及言語對答與心理描寫，就可能面臨「懸空」與「虛擬」的詰問。其信誓旦旦的「真實性」，也將受到質疑。比如，茅盾在《我走過的道路》的《序》中所作的承諾，起碼在邏輯上略有欠缺：

> 所記事物，務求真實。言語對答，或偶添藻飾，但切不因華失真。

既然承認必須「偶添藻飾」，又怎能保證「切不因華失真」呢？包含心理描寫與人物對話的自傳，與自傳體小說到底又有多大的區別？

---

55 《吳宓自編年譜》第231頁提及「賀麟欲陪導宓往謁周揚，宓懼禍，辭未往」。下面的小注，更見其時之心有餘悸。

　　將並不排斥虛構的自傳體小說，與以真實性為第一訴求的學者自述相提並論，並非「天方夜譚」。錢鍾書為楊絳《幹校六記》寫的《小引》，以及金克木的《天竺舊事・小引》，都提及清人沈三白的《浮生六記》。與王韜的強調「筆墨之間，纏綿哀感」不同[56]，錢、金顯然注重的是其自傳體小說特徵，因而才會在談論回憶錄時，將其連帶述及。實際上，作為現代學者回憶錄的《幹校六記》《天竺舊事》，與清人小說《浮生六記》，其分界處並非一目了然。

　　楊、金二作的文學色彩比較突出，在眾多學者自述中，或許不夠典型；但追憶往事時無法完全排斥主觀想像，卻由此得到了證明。在眾多學者關於其自述「真實性」的自我評估中，我比較認同魯迅和錢穆的看法。在《師友雜憶》的最後一章，錢穆有一妙語：

　　　　能追憶者，此始是吾生命之真。其在記憶之外者，足證其非吾
　　　　生命之真。

是否屬於「生命之真」，主要取決於「意義」而非「事實」。或者說，只有在錢氏看來具有「意義」的「事實」，方才能被感知而且敘述出來。至於身兼學者與小說家的魯迅，不只稱《朝花夕拾》乃是「從記憶中抄出來的，與實際容或有些不同」，而且承認，這些記憶中的故鄉風景，「也許要哄騙我一生」。[57]

　　至於追憶往事時的自我分析與自我反省，不只牽涉到是否「真實可信」，更與其所能達到的境界、所能實現的價值密切相關。

---

56 王韜：《弢園文錄外編》卷十一《〈浮生六記〉跋》。
57 魯迅：《朝花夕拾・小引》，見《魯迅全集》，2卷，230頁。

五　「懺悔錄」之失落

　　所謂「自述」，除了講述「我」的故事，更重要的是面對自我、分析自我、反省自我。對「自我」的設計與要求不同，其自述自然也就千差萬別。《林語堂自傳》所表明的「分析我自己」的願望，並沒被大多數自述者所接受；即使以「林語堂，你是誰」開篇的《八十自敘》，也並非自省的理想之作。「一捆矛盾」的自我解嘲，雖則幽默可愛，畢竟代替不了「靈魂深處爆發革命」。除了開篇與結尾，林氏的自述，其實與茅盾等並無多大差別，都只是講述「我走過的道路」。以「追憶」而不是「自省」為中心，乃現代中國學者自述的基本特色。

　　古往今來被納入「自述」框架討論的眾多作品，本來就不是鐵板一塊。這裡包括宗教徒以「改宗」為中心的懺悔錄、成功企業家的發家史、先行者的自我辯護詞、政治家的回憶錄，以及專家學者的經驗總結等。依其敘述角度，大體可分為「外部視角」與「內部視角」兩類：前者注重事件的再現，後者則突出心理的發展。現代中國學者的自述，其基本立場並非「向上帝懺悔」，也不是「與朋友推心置腹」，更不是「自己同自己的內心對話」，而是「對後代說話」，這就難怪其採取的主要是「外部視角」。[58]這一點，對比常被現代中國學者提及的外國自傳，如法國的盧梭、俄國的托爾斯泰、德國的歌德、意大利的契利尼、日本的河上肇等，更能顯示其差別。其中，盧梭《懺悔錄》在中國的命運，尤其值得關注。

　　盧梭在二十世紀中國，可稱得上「聲名顯赫，影響深遠」。以《懺悔錄》為例，二十世紀二〇至四〇年代，便有七種中譯本問世。

58　〔蘇聯〕伊・謝・科恩：《自我論》，佟景韓等譯，56-57、175-177頁，北京，生活・讀書・新知三聯書店，1986。

其中，一九二九年商務印書館出版的章獨譯本，附有大名人吳稚暉、蔡元培的序。周作人一九一八年出版的《歐洲文學史》，已開始討論《懺悔錄》的得失；約略同時，吳宓、林語堂則在哈佛大學聽白璧德（Irving Babbitt）講授關於盧梭的專題課。[59]有趣的是，如此絕好因緣，竟沒能催生出眾多模仿之作。

《懺悔錄》的敘述姿態，強調的是內心感受，而不是事變過程。以下這段關於著述「本旨」的論述，對中國人來說，可能顯得相當陌生：

> 我向讀者許諾的正是我心靈的歷史，為了忠實地寫這部歷史，我不需要其他記錄，我只要像我迄今為止所做的那樣，訴諸我的內心就行了。[60]

對於希望借助查閱日記、鉤稽文獻來保證自述的可靠性的中國學者來說，只是「訴諸內心」，其「真實性」大可懷疑。周作人正是從此出發，將其視為「虛實淆混」的藝術作品，或者「只把它當作著者以自己生活為材料的抒情散文去讀」。[61]周氏撰寫回憶錄時，從早年《歐洲文學史》的立場後退，只強調《懺悔錄》裡「也有不少的虛假的敘述」，而不談其「自寫精神生活」，以及「即恥辱惡行，亦所不諱」。[62]

---

59 吳宓一九一八年在哈佛大學聽白璧德講授題為《盧梭及其影響》的選修課（見《吳宓自編年譜》，178頁），一九一九年秋赴美的林語堂，曾在哈佛大學就讀一年，《四十自敘詩》（載《論語》，49期，1934年9月）有「抿嘴坐看白璧德，開棺怒打老盧梭」句，《八十自敘》第39頁重提此事。

60 〔法〕盧梭：《懺悔錄》，第二部，范希衡譯，344-345頁。

61 周作人：《知堂回想錄》，577頁。

62 周作人：《知堂回想錄》，724頁；周作人：《歐洲文學史》，153頁，長沙，嶽麓書社，1989。

實際上，盧梭最讓中國學者難堪的，也正是此如何面對並敘述自己曾經有過的「恥辱惡行」。

《管錐編》中，錢鍾書多有驚人的發現，其中之一，便是將《懺悔錄》的發源地移回中國：

> 相如於己之「竊妻」，縱未津津描畫，而肯夫子自道，不諱不怍，則不特創域中自傳之例，抑足為天下《懺悔錄》之開山焉。[63]

此說雖激動人心，卻不無可疑處。錢氏以《史通·序傳》對相如、王充的批評為根基，在此基礎上引申發揮。唐人劉知幾認定琴挑寡婦為失禮、怨仇眾多為可恥，這才有相如自污、王充不肖的批評。可是，倘若漢代文人司馬相如欣賞女子夜奔、王充認同任俠使氣，後人實在沒理由對其《自敘》說三道四。既然相如沒有表示「痛改前非」，其自述「竊玉偷香」，也只是表示傲世獨立越禮自放；至於王充之不願自高門第，更是「欲破時俗之陋見」，二者皆與今人所理解的《懺悔錄》相去甚遠。[64]在我看來，關鍵在於自述者的態度，而不是後人的評價。必須考慮不同時代倫理道德標準的巨大差異。以「竊妻」為例，或風流自賞，或潔身自愛，其自述將是天差地別。即便承認此乃「惡俗」，撰寫「懺悔錄」，也當以自述者之「覺醒」為前提。否則，很容易將「大膽的誇耀」，誤讀為「深刻的反省」。

---

63 錢鍾書：《管錐編》，358頁。

64 正如錢鍾書所說的，司馬遷為相如作傳，「必非照載原文而不予竄易」，「恐不得當」云云，明顯屬於太史公；張舜徽則指出，王充不曾自高門第，其用意在「力矯世人論士之偏」，而非「矜己辱先」。張舜徽：《史學三書平議》，94頁，北京，中華書局，1983。

倒是劉知幾《史通‧序傳》中為「自敘」所下的定義，為後世無數文人學者所尊奉：

> 然自敘之為義也，苟能隱己之短，稱其所長，斯言不謬，即為實錄。

像揚雄那樣「以誇尚為宗」，固然不太好；但自敘時除了「時亦揚露己才」，更重要的是「隱己之短」。借用隋代劉炫《自贊》的表述，即「自敘風徽，傳芳來葉」，而且「薄言胸臆」，「使夫將來俊哲知餘鄙志耳」。至於「恥辱惡行」，必須努力將其遺忘，絕不能在自敘傳中出現。在中國人看來，恰如其分地表彰自己，短處則採取「不提也罷」策略；如此預留「空白」，讓後人去揣摩填補，並沒違背史家的「實錄精神」。既然承認「人的素質不同，有狂有狷，有誇有謙，難免影響到自傳的寫作」，仍一口咬定自傳保存了「真人真事的記錄」；[65]這種自信，正是根源於古來國人對此文類的理解。

現代學者中，多有深諳此道者。其自述，時見騰挪趨避、隱惡揚善的「高招」。《王先謙自定年譜》多處引錄大吏或御史要求表彰的奏摺，並再三表示「余讀之慚赧」；七十生辰，眾人以詩文為壽，一錄便是近兩萬字，據說是「用志友朋厚誼」。祝壽文章，毫無疑問都是好話，且必定言過其實。唐文治《茹經先生自訂年譜》中，提及七十生辰時陳衍的「揄揚過當」，但不錄文章，顯得頗有「大將風度」：

> 同年陳石老欲為余作壽序，再四辭之，乃集余所著書為總序，洋洋數千言，深可感激。惟揄揚過當，心殊不安耳。

---

65 錢仲聯：《錢仲聯自傳‧前言》，成都，巴蜀書社，1993。

初讀二譜，很想以王、唐為例，討論對待「揄揚過當」的兩種不同策略。《石語》的出版，提供了解讀這段話的另一種可能性：唐之所以不錄陳序，或許並非出於謙虛。據錢鍾書記載，二十世紀三〇年代，陳衍曾有言：

> 唐蔚芝學問文章，皆有紗帽氣，須人為之打鑼喝道。余作《茹經室》三集序，駁姚惜抱考訂、義理、詞章三分之說，而別出事功一類，即不以文學歸之也。[66]

倘因讀出陳序的弦外之音，唐撰年譜時，故意含糊其辭，那確實是一著妙棋。

在《積微翁回憶錄》中，楊樹達經常引錄學界名流的表彰之語；而《蔡尚思自傳》更附錄若干高度評價自家著述的師友來信。這些引錄，都準確無誤，絕非作者杜撰。但文獻的真實，並不保證評價的真實。對此，楊氏有充分的自覺，在回憶錄的《自序》中，有這麼一段話：

> 至獎藉之語，友人既在勵余，余便姑取以自勵；故卷中存者頗多。阿好之辭，自多溢美，非語語信為誠然也。

明白此乃「阿好之辭」，每錄獎藉語，必「慚愧」兩聲，此舉雖略有做作之嫌，畢竟無傷大雅。反而是像繆荃孫或康有為那樣不動聲色地高自標榜，需要略作分辨。《藝風老人年譜》「光緒元年」條之自稱《書目答問》出於己手，陳垣已有所辨正[67]；《康南海自編年譜》之故

---

66 錢鍾書：《石語》，20-21頁，北京，中國社會科學出版社，1996。

67 陳垣：《陳垣史學論著選》，382-385頁，上海，上海人民出版社，1981。

意不提與廖平的會晤，以及稱朱一新「既請吾打破後壁言之，乃大悟」，更是故弄玄虛，抹殺不利於己的證辭。[68]

自揚雄以下，「自嘲」之作，其實代不乏人。只是此類文章，表面卑微謙恭，實則憤世嫉俗，主要是表達感傷、孤傲與不平。因此，「自訟」往往成了「自贊」。[69]至於沈約等受佛教影響而作的《懺悔文》，與自述平生又關係不大。倒是清初的顏李學派，肯下工夫自省，自述生平時也頗為清醒。《顏習齋先生年譜》「1666年（32歲）」條有云：

> 思《日記》纖過不遺，始為不自欺。雖暗室有疚不可記者，亦必書「隱過」二字。至喜怒哀樂驗吾心者，尤不可遺。

李塨依據顏元的《日記》編撰年譜，也取「功過並錄，一字不為鏝飾」的態度，為的是「守先生之教也」。輪到弟子為李恕谷修年譜，也取「記功過以策勵習行」的策略，不敢漫為誇飾。[70]

現代學者中，像郭沫若那樣，自述生平時拒絕懺悔，只是著力控訴社會的不公，[71]固然也是一種選擇；但更多的學者，還是願意認真檢討過去的生命。容閎述及大學階段最後一年意志消沉，乃出於對中國命運的關注；胡適提及上海求學時代曾因醉酒而入巡捕房，「心裡

---

68 梁啟超《清代學術概論》中已稱其師「見廖平所著書，乃盡棄其舊說」；今人向楚《廖平》一文對此有詳細的評說，見廖幼平編：《廖季平年譜》，112頁，成都，巴蜀書社，1985。

69 「自訟」與「自贊」相通，很能說明中國文人對待「自畫像」的態度。晚清馮桂芬《五十自訟文》以及抗戰中呂思勉所撰《蠹魚自訟》，都是借「自訟」明志。

70 參見馮辰：《〈李恕谷先生年譜〉序》。

71 郭沫若在《少年時代・序》（1947）中稱，「我沒有什麼懺悔」。理由是：不曾阻礙社會進化者，不必懺悔；真正阻礙社會進化者，則必定不肯懺悔。

萬分懊悔」；吳宓詳細描寫少年時代性意識的萌現以及「與騾馬狎」的過程。[72] 除了吳氏明顯受盧梭影響，容、胡二位的敘述，強調的是「精神上的大轉機」，而非品行的過失。侯外盧提到出版《中國思想通史》時，屈服於當時不成文的規定，沒把韓國磐列為執筆者，此錯誤「二十多年來一直在咬嚙著我的心」。張岱年被錯劃為右派，反省年近五十遭此大厄，「實亦由自己狂傲不慎所致」；批孔時「不敢曲學阿世」，「但對於一些有意的曲解亦不敢提出反駁」。此類反省，說不上多麼深刻；好處是沒有事後充英雄，故意拔高當年的思想境界。[73]

　　盧梭曾這樣評述蒙田的「說真話」：「蒙田讓人看到自己的缺點，但他只暴露一些可愛的缺點。」安德列·莫洛亞為《懺悔錄》法譯本作序，將盧梭也歸入「假裝誠實的人」行列，理由是盧梭同樣「只暴露一些可愛的缺點罷了」。[74] 此類近乎苛刻的挑剔，揭示了「說真話」所能達到的極限：自述時不妨暴露小的過失，以獲取讀者的信任；至於大是大非，則可能仍諱莫如深。對於大節有虧的學者，如何闖過這一關，無疑是個嚴峻的考驗。就像周作人所說的，「回憶的文章」境界之高下，關鍵在於「著者的態度」。[75] 胡適《四十自述·自序》所標榜的「赤裸裸的敘述」，或許根本就不存在；但真誠地面對自我，努力反省過去的生命，還是可以做到的。馮友蘭對自己在「文化大革命」中的所作所為，歸結為「嘩眾取寵」，可又稱「我當時自以為是跟著毛主席、黨中央走的」；[76] 一代哲學大師的自我剖析，竟是如此輕

---

72 參見容閎：《我在美國和在中國生活的追憶》，第五章；胡適：《四十自述》，第五節；吳宓：《吳宓自編年譜》，30、80、89頁。

73 參見侯外盧：《韌的追求》，314頁；張岱年：《張岱年自傳》，56、62頁，成都，巴蜀書社，1993。

74 〔法〕盧梭：《懺悔錄》，第二部，范希衡譯，815、825-826頁。

75 周作人：《知堂集外文·〈亦報〉隨筆》，504頁。

76 馮友蘭：《三松堂自序》，188、194頁。

描淡寫，實在令人扼腕。無論如何，馮氏還算直接面對自己的過失；周作人則對抗戰時的附逆採取「不辯解主義」。所謂「人所共知」的事實，不說也罷；因為一旦敘述，不免有所辯解——此等關於「不辯解」的辯解，即便拉上盧梭等人墊底，也無法掩蓋周氏「隱過」的企圖。[77]自述者只能暴露「可愛的缺點」，與以「一說便俗」為由故意迴避過失，二者還是不可同日而語的。套用錢鍾書為楊絳《幹校六記》所作的《小引》語，現代中國學者的自述，基本上都缺了「記愧」這一章。有一部《師門五年記》（原名《師門辱教記》），著眼點主要落在「煦煦春陽的師教」，故「不是含笑的回憶錄，而是一本帶著羞慚的自白」。[78]但絕大部分自敘傳，都以自我的功業為中心，即便願意自省，也都是一筆帶過。

　　熟記孔夫子「吾日三省吾身」教誨的中國讀書人，何以其自敘傳中如此缺乏自我反省的精神？宗教背景、倫理觀念、文化傳統等，自是主要原因；可也不該忽略中國「自敘傳」的文體特徵與特殊功能。史家之直接採納自敘、自傳與自定年譜，使得文人自述時，託諸寓言者不妨海闊天空，講求實錄時則顯得過分拘謹。一想到筆下的自我陳述，很可能一轉便成了正史中的「蓋棺論定」，無論如何不敢掉以輕心。對「自傳」與「傳記」的文體界限分辨不清，其結果往往是「坦白從嚴，抗拒從寬」。這就使得深知「證辭」重要性的學者，自我反省時難得嚴苛，筆墨也無法瀟灑。

　　伴隨著「回憶錄」的迅速崛起，以及史家對待自述的態度日趨謹慎，開始出現虛實界限模糊、反省相對深入之作。而這，必然回到文章開頭提出的話題：自敘傳到底屬「文」還是屬「史」、如何協調「詩與真」的關係、「半部學術史」能否又是「一篇大文章」。

---

77 周作人：《知堂回想錄》，577頁。
78 羅爾綱：《〈師門五年記〉自序》。

六 「朝花夕拾」與「師友雜憶」

　　梁啟超曾建議有志史學者，從編纂年譜入手，理由是「做傳不僅須要史學，還要有相當的文章技術。做年譜卻有史學便夠了」。[79]一般說來，編纂年譜，確實不需要「有相當的文章技術」；但傳世的年譜中，不乏值得欣賞的文章片段。清人章學誠在提及案牘的整理、譜牒的利用以及方志的編撰時，要求當事人「能文學而通史裁」。[80]大概只能將章氏之說作為「雖不能至，心嚮往之」的理想境界。現代學者的大部分自述，也都只能從史學角度閱讀。楊守敬、羅振玉等人的自定年譜不用說，近年出版的《學術自傳叢書》，也因其面面俱到的整體設計，而很難具有可讀性。[81]

　　也有雖為年譜，卻可作為文章閱讀的。這種兼具文史價值的自述，不外乎三種原因：一是作者極富才情，無意為文，筆下卻能搖曳生姿。最合適的例證，當舉《康南海自編年譜》和《太炎先生自定年譜》。二是年譜中引錄文章，結構上自然也就成了「史中有文」。王先謙、丁福保毫無節制地引錄長文，將年譜作為「文存」編纂[82]，實在不足為訓；蔡元培、吳宓之摘錄舊作，只是偶一為之，且以不破壞年譜的整體風格為前提，故可以接受。三是以詩篇作年譜，最著名的莫

---

79 梁啟超：《中國歷史研究法》，234頁。

80 章學誠：《章氏遺書》卷十四《州縣請立志科議》。

81 蔡尚思稱其自傳「集舊說紀傳、編年、紀事本末三體為一傳，集生平專著二十多部、文章三百多篇的要目為一書，集事蹟與學術思想的部分要點為一體」，如此龐雜的結構，雖直接對應巴蜀書社《編者的話》，卻無法作為文章來苦心經營。《張岱年自傳》中最為可讀處，在於追憶無著述可言的幹校生活；一旦重返書齋，又恢復其板重沉悶的敘述風格。

82 梁啟超《中國歷史研究法補編・年譜及其做法》述及年譜中如何記載文章，持論公允，可參考。王、丁年譜中大量引錄序跋、奏摺等，有長達萬言者，且與前後左右沒有任何關係。

過於《曲園自述詩》；另外，黃雲眉將歷年所作舊詩中「與余歷史思想有關者」，與著述相併列，「以資互證」，也是這個思路。不過，總的來說，要求年譜兼具文章功能，不大可行。

　　學者自述，逐漸從編纂年譜轉為寫作自傳，文章趣味，方才日益浮現。「傳記文學」的提法，便是明顯的表徵。回憶錄因其體裁靈活，視角多變，可以化整為零，更容易成為「文章集錦」。蔡元培、蔣維喬、魯迅、周作人、馬敘倫、胡適、趙元任、顧頡剛、林語堂等人的自傳或回憶錄，都曾在雜誌（尤其是文學刊物）上連載，可見其「文章化」的傾向。

　　談論這種可分可合、可文可史的著述體例，不妨以蔡元培、周作人為例。為紀念蔡元培百年誕辰，臺灣《傳記文學》第十卷第一期（1967年）推出《蔡元培自述》，並附有編者說明：「本刊特將此三文合編為蔡先生自述，如視之為蔡氏自傳當無不可。」同年，傳記文學出版社刊行《蔡元培自述》一書，兼收黃世暉、高平叔、蔣維喬等文。其實，將諸多文章彙編而成自傳這一思路，蔡元培在二十世紀三〇年代便有所表述。在一九三八年十一月七日覆高平叔函中，蔡氏自稱重寫自傳「提不起精神來」，建議「不妨用集體式」。其開列的篇目，與後人所編《蔡元培自述》大同小異。[83]至於周作人撰寫回憶錄時，將早年文章巧妙地編織進去，更是廣為人知。若「日本的衣食住」、「小河與新村」、「北大感舊錄」等，都曾大量採用舊文；一九四四年所撰長文《我的雜學》，更是被「仍照原樣的保存」，化作《知堂回想錄》中完整的十節。

　　學者自述之所以能夠走出專業圈，成為大眾欣賞的文章，很大原因在於其著眼點，由「書裡」轉為「書外」。不是關於著述的評介，

---

83 參見高平叔編：《蔡元培全集》，7卷，230頁。

而是從事著述的契機、過程、心態以及成功的喜悅。注重「人之常情」，學者的自述，因而能夠為廣大讀者所接受。至於乾脆撇開專門著述，只是「追憶逝水年華」，那就更容易作成好文章了。歌德撰寫自傳，之所以止於二十六歲，據說一是因為青少年乃人生「最有意義的時期」，一是為了表示感恩，追想今日的成就「怎樣得來」「從誰得來」。[84]中國學者之撰寫回憶錄，其策略與歌德大同小異。套用魯迅和錢穆的書題：或「朝花夕拾」，或「師友雜憶」。

對於以表彰功業為主的年譜來說，少年時期無關緊要。《太炎先生自定年譜》二十九歲前一筆帶過，可謂深明史例；像《吳宓自編年譜》那樣，尚未開蒙進學，已有諸多議論，乃是以回憶錄筆法作年譜，只能稱為變體。回憶錄當然仍以「我」為主體，只是除了自述生平，還可以觀察世態、描摹人情。暮年回首，兒時生活最容易成為追憶的目標。學者的「朝花夕拾」，與其專業著述距離最為遙遠；再加上對於「故鄉」、「童年」的詩意想像，因而也最容易獲得審美效果。

以童年故事為主體，並非學者自述的「正路」。在《朝花夕拾》中，魯迅對於兒童讀物以及民間美術的興趣，固然蘊涵著日後的學術意識；而在《趙元任早年自傳》裡，我們也能強烈感受到傳主對於語言的特殊才華。可是，將自述終止於學術生涯開始之前，實在難以體現作為著名學者的風采。可也正因為作不成「自撰的學案」，很容易往文學方向漂移。與廖平專門介紹其經學思想的自述截然相反，齊如山、魯迅、周作人、趙元任、胡適、梁漱溟等的講述童年故事，充滿感性色彩，多細節描寫，甚至平添幾分小說意味。正如趙元任所說的，「回想到最早的時候兒的事情，常常兒會想出一個全景出來，好

---

84 參見〔德〕愛克曼輯錄：《歌德談話錄》，朱光潛譯，19頁；〔德〕歌德：《歌德自傳：詩與真》，劉思慕譯，423頁，北京，人民文學出版社，1983。

像一幅畫兒或是一張照相似的，可是不是個活動電影」。[85]「童年故事」在作者腦海裡呈現時，場面完整，且充滿詩情畫意，但互相之間缺乏邏輯性，很容易分割成各自獨立的篇章。《朝花夕拾》最為典型，十篇文章構成一個整體[86]，可各篇之間其實只是遙相呼應，並無統一的布局。齊、周諸作，兼及「師友雜憶」，不若魯迅的專注於童年故事與故鄉風物，也不若魯迅之將其作為「詩的散文」來經營。[87]就文章風韻而言，絕大部分學者自述，實難與《朝花夕拾》比肩。同樣講究文章的情調與韻味，堪作「美文」欣賞的，還可舉出楊絳的《幹校六記》、金克木的《天竺舊事》以及季羨林的《留德十年》。這三部回憶錄，恰好都只截取人生的某一片段，濃墨重彩，大大渲染一番，而後戛然而止。正因為不承擔全面介紹傳主的責任，取材隨意，筆墨從容，更容易將其作為藝術品來「創作」。

對於學者來說，「師友」無疑是最值得追憶的。徐渭《畸譜》述過生平，專列「紀師」與「紀知」，以表示對於曾經提攜或啟迪自己的師友的感激之情。黃宗羲撰《思舊錄》，也是為了追憶「其一段交情，不可磨滅者」；全祖望稱此等「託之卮言小品以傳者」，實「取精多而用物宏」，可與如山如河的《明儒學案》相參照。[88]「師友雜憶」之所以受到作者與讀者的普遍關注，就因其最容易體現「學案」與「文章」的融合——就像全氏對於《思舊錄》的評價那樣。在嚴謹枯

---

85 趙元任：《趙元任早年自傳》，5頁，臺北，傳記文學出版社，1984。

86 魯迅連續發表十篇《舊事重提》（後改題《朝花夕拾》），乃是將其作為一本完整的書來經營的。這一點，魯迅本人1926年10月7日、11月20日致《莽原》編者韋素園信可作證。

87 據馮雪峰《魯迅先生計劃而未完成的著作》稱，魯迅晚年本擬再寫十來篇此類「詩的散文」，以成一新書。從已完成的《我的第一個師父》和《女弔》看，魯迅關注的，仍然是童年生活與故鄉風物。

88 參見黃宗羲《思舊錄》的結語以及全祖望《梨洲先生〈思舊錄〉序》。

燥的述學外，添上師友切磋學問時的情誼，不僅是為了感恩，更可使文章溫潤。齊如山、周作人、馬敘倫、錢穆、曹聚仁等人的自述，將「朝花夕拾」與「師友雜憶」合而為一，兼及史學價值與文章趣味，最值得稱道。

自述時之「幽默」與否，繫乎個人性情，不足以作為通例；但《林語堂自傳·弁言》提到的「自知之明」，卻是自述獲得成功的基本保證。學者的自敘傳，大都完成於功成名就的「烈士暮年」。有了豐富的社會閱歷，再加上長期的學術訓練，學者的自述，一般思想通達，文字雅馴，較少濫情與誇飾。而老人的懷舊，與「少年不識愁滋味」迥異，自有不可及處。即便語調感傷，也有灑脫的心情作後應，不至於一發而不可收。再加上不以文學為職業，落筆時不做作，少賣弄，偶見風神逸韻，反而更令人回味無窮。

儘管有「傳記文學」的提倡，現代學者之撰寫自敘傳，主要著眼於「史」，而非「文」。強調周作人、錢穆等人的自我描述別具風韻，將通常所理解的「學案」，作為「文章」來閱讀與欣賞，既基於對「自傳」必然比「傳聞」可靠的懷疑，也蘊涵著重新融合「詩與真」的期望。另外，還有對於純粹的「文人之文」的不滿。古代中國人所標榜的根柢經史鎔鑄詩文，晚清以降備受嘲諷。「文」與「學」的急劇分離，自有其合理性；但對於文章（散文、隨筆、小品、雜感等）來說，卻是個不小的損失。時至今日，談論可以作為文章品味的「述學」，或者有學問作為根柢的「美文」，均近乎「癡人說夢」。

新教育與新文學[*]
——從京師大學堂到北京大學

　　在二十世紀的中國，「新教育」與「新文學」往往結伴而行。最成功的例證，當屬五四新文化運動。蔡元培、陳獨秀、胡適之等人提倡新文化的巨大成功，很大程度得益於其強大的學術背景——北京大學。不只是因北大作為其時唯一的國立大學，有可能「登高一呼，應者雲集」；更因其代表的現代教育體制，本身便與「德先生」「賽先生」同屬西方文化體系。十九世紀下半葉開始的「西學東漸」，進展最為神速、影響最為深遠的，在我看來，當屬教育體制——尤其是百年中國的大學教育。談論「文學革命」，無論如何不該繞過此等重要課題。

　　教育改革與文學革命，二者不盡同步，但關係相當密切。大作家不一定出自名校，成功的文學運動也不一定起於大學，這裡所要強調的是，「文學教育」作為一種知識生產途徑，或直接或間接地影響了一時代的文學走向。教育理念變了，知識體系不能不變；知識體系變了，文學史圖景也不可能依然故我。大學裡的課堂講授，與社會上的文學潮流，並非互不相干：對文學史的敘述與建構，往往直接介入當下的文學創造。¹胡適的提倡白話文學為正宗，周作人的介紹歐洲文學潮流，以及魯迅、吳梅在北大講臺上教習此前不登大雅之堂的小說、戲曲，都與五四「文學革命」相表裡。

---

* 　本文初刊《學人》，14輯，南京，江蘇文藝出版社，1998。
1 　參見陳平原：《中國現代學術之建立》，第五、八章，北京，北京大學出版社，1998。

談論肇始於晚清、成熟於五四的「文學革命」，時賢多關注報刊書局之鼓動風潮；本文則希望另闢蹊徑，從新式學堂的科目、課程、教材的變化，探討新一代讀書人的「文學常識」。從一代人「文學常識」的改變，到一次「文學革命」的誕生，其間有許多值得大書特書的曲折與艱難；但推倒第一塊多米諾骨牌的，我以為是後人眼中平淡無奇的課程設計與教材撰寫。

考慮到北京大學及其前身京師大學堂在中國教育轉型中占據特殊地位，在很長時間裡獨領風騷，本文選擇其作為研究的個案。以大學堂的醞釀為開端，這點一般不會有異議；至於論述的下限，暫時設定在一九二二年。理由是，這一年頒布的「壬戌學制」，使中國的大學得到較快的發展；同年，北京大學成立研究所國學門，研究生培養制度正式成型。當然，還有一個潛在的理由，那便是「文學革命」取得決定性的勝利，胡適之先生甚至已經提前進入歷史——《五十年來中國之文學》第十節討論的正是近在眼前的「文學革命運動」。[2]

從胡適開始，世人之談論「文學革命運動」，多注重蔡元培、陳獨秀、胡適、錢玄同、劉半農、三沈二馬以及周氏兄弟的貢獻，這自然沒錯。引入這些北大教授們的學術背景，將主要著眼點從「個人才華」轉為「制度建設」，目的是突出知識生產過程的複雜性，以便從另一角度理解五四「文學革命」的成功。

一　「虛文」之不可或缺

晚清之提倡「新教育」者，一開始並未將「新文學」作為相關訴求。當務之急是富國強兵，新舊文學之得失，並不在改革者的視野

2　此節後以「文學革命運動」為題，單獨收入1930年亞東圖書館版《胡適文選》。

內。相反，在改革者眼中，「新教育」之所以必要，正是為了改變中國人「重虛文」而「輕實學」的毛病。因而，關於新學制的設計，文學課程往往被有意無意地「遺漏」了。

甲午戰敗，改革教育制度的呼聲日高。一八九六年六月，刑部左侍郎李端棻奏請廣開學校；同年七月，山西巡撫胡聘之要求變通書院。一反省新式學堂之得失，一提倡舊式書院的改造，共同目的是培養具備「真才實學」、能夠「共濟時艱」的「有用之才」。具體策略則是加強「天算格致農務兵事」等西學課程。胡巡撫建議大量裁汰「或空談講學，或溺志詞章，既皆無裨實用」的原有書院；即便保留，「每月詩文等課」，亦應「酌量並減」。[3]李侍郎眼界更高，對已有三十多年歷史的新式學堂大不以為然，稱其或只講西語、西文，或不重專門、術業不精：

> 夫二十年來，都中設同文館，各省立實學館、廣方言館、水師武備學堂、自強學堂，皆合中外學術相與講習，所在而有。而臣顧謂教之之道未盡，何也？諸館皆徒習西語西文，而於治國之道，富強之原，一切要書，多未肄及，其未盡一也。格致製造諸學，非終身執業，聚眾講求，不能致精。今除湖北學堂外，其餘諸館，學業不分齋院，生徒不重專門，其未盡二也。……[4]

前者將「溺志詞章」作為中國舊式教育的通病，後者談論西學時不及「詞章之學」，這在晚清，幾乎已成所有「有識之士」的「共識」。

3　胡聘之等：《請變通書院章程並課天算格致等學摺》，見舒新城編：《中國近代教育史資料》，上冊，北京，人民教育出版社，1961。

4　李端棻：《請推廣學校摺》，見《中國近代教育史資料》，上冊。

　　傳教士也不例外。先是李佳白（Gilbert Reid）「擬請京師創設大學堂」，以符「首善之區」高名。至於大學堂的課程，李君也有所設計：

> 總學堂應有之各等學問，如中西文法文理、中西史鑒、政事學、律法學、富國策、地理學、地勢學、算學、格致學、化學、天文學，以及機器學、礦學、金石學、工程學、農政學、身體學、醫學並中西各等性理學、性靈學，必須並蓄兼收。[5]

如此「並蓄兼收」的課程表裡，找不到今日看來不可或缺的文學與藝術。約略與此同時，另一位傳教士、創辦中國最早的教會大學登州文會館的狄考文（Calvin W．Mateer），代表泰西各國寓華教士組織的「文學會」，也有《上譯署擬請創設總學堂議》。是書再次建議設立總學堂，其課程設計似乎更趨合理：

> 今建立總學堂，則凡中西文字、經史、政事、律例、公法、兵戎之學，天算、地輿、測繪、航海、光、電、聲、化、汽機之學，身體、心靈、醫理、藥法、動植物之學，農政、商務、製造、工程之學皆入之。[6]

有趣的是，「文學會」開出的課程表，也與中國固有的「詞章之學」根本無涉。「文學會之設」，據林樂知（Young John Allen）為這一奏摺所加的跋語稱，「專以振興中國文學為己任」。照林教士的說法，

5　〔美〕李佳白：《擬請京師創設大學堂議》，見北京大學校史研究室編：《北京大學史料》，1卷，北京，北京大學出版社，1993。

6　〔美〕狄考文等：《上譯署擬請創設總學堂議》，見《北京大學史料》，1卷。

「欲造就人才，必先振興文學；欲振興文學，必先廣設學堂」。[7]如此關係重大的「文學」，並非今人熟悉的漢譯 Literature，而是廣義的文化教育。這一點，有此前林譯森有禮的《文學興國策》為證──該書以及花之安（ErnstFaber）的《德國學校》、李提摩太（Timothy Richard）的《七國新學備要》等，在晚清影響極大，梁啟超等新學之士正是從中獲悉「西人學校之等差、之名號、之章程、之功課」，並開始「採西人之意，行中國之法」的。[8]

經由熱心教育的大臣及教士奔走呼籲，朝廷終於決心在京師開辦大學堂。主持其事的孫家鼐，對文學課程的有無似乎拿不定主意。一八九六年《議復開辦京師大學堂摺》稱「學問宜分科也」，所擬十科中，「五曰文學科，各國語言文字附焉」。[9]兩年後，大學堂即將正式開辦，孫大臣改變了主意：「查原奏普通學凡十門，按日分課。然門類太多，中材以下斷難兼顧。擬每門各立子目，仿專經之例，多寡聽人自認。至理學，可併入經學為一門。諸子、文學皆不必專立一門。」[10]百日維新失敗，大學堂的事業雖勉力維持，策略又有所調整，被任命為管學大臣的孫家鼐，轉而強調尊親之義與禮教之防：

> 先課之以經史義理，使曉然於尊親之義，名教之防，為儒生立身之本；而後博之以兵農工商之學，以及格致測算語言文字各門，務使學堂所成就者，皆明體達用，以仰副我國家振興人才之至意。[11]

7 參見林樂知為狄考文等《上譯署擬請創設總學堂議》所作跋語，見《北京大學史料》，1卷。
8 梁啟超：《變法通議・學校總論》，載《時務報》，5-6冊，1896年9月。
9 孫家鼐：《議復開辦京師大學堂摺》，見《北京大學史料》，1卷。
10 孫家鼐：《奏復籌辦大學堂情形摺》，見《北京大學史料》，1卷。
11 孫家鼐：《奏大學堂開辦情形摺》，見《北京大學史料》，1卷。

這與光緒皇帝開辦大學堂之上諭所強調的「以聖賢義理之學，植其根本，又須博採西學之切於時務者，實力講求」，可謂絲絲入扣。[12]

既然時人普遍貶考據、辭章、帖括為「舊學」，尊格致、製造、政法為「新學」，教育改革的重點定在「廢虛文」而「興實學」，文學教育又如何才能進入改革者的視野？說來有點不可思議，「成也蕭何，敗也蕭何」，文學在課程表中之重新浮現，依然得益於時人之「醉心歐化」。不管是舉人梁啟超，還是大臣張百熙、張之洞，一旦需要為新式學堂（包括大學堂）立章程，都只能依據其時的譯介略加增刪。而西人之學堂章程，即便千差萬別，不可能沒有「文學」一科。於是，不被時賢看好的文學教育，由於學堂章程的制訂，又悄然復歸──雖然只是在字面上。

對比晚清三部大學堂章程，不難感覺到文學教育之逐漸浮出。一八九八年的《總理衙門奏擬京師大學堂章程》，明白無誤地表明朝廷獨尊「泰西各種實學」之旨意──儘管此章程據說出自梁啟超之手。這部章程開列十種「溥通學」，十種「專門學」。前者「凡學生皆當通習者也」，故有「文學第九」之列；後者培養朝廷亟須的專門名家，則只有算學、格致學、政治學（法律學歸此門）、地理學（測繪學歸此門）、農學、礦學、工程學、商學、兵學、衛生學（醫學歸此門）。[13]也就是說，「文學」可以作為個人修養，但不可能成為「專門學」。

一九〇二年，張百熙奉旨復辦因庚子事變毀壞的大學堂，並「上溯古制，參考列邦」，擬定《京師大學堂章程》，皇上批示「尚屬詳備，即著照所擬辦理」。[14]此章程對「功課」的設計，比戊戌年間梁氏所代擬的詳備多了，分政治、文學、格致、農學、工藝、商務、醫術

12 參見《德宗景皇帝實錄》卷四一八《光緒二十四年四月二十三日上諭》。

13 《總理衙門奏擬京師大學堂章程》，見《北京大學史料》，1卷。

14 張百熙：《奏籌擬學堂章程摺》，見《北京大學史料》，1卷。

七科；文學科又有經學、史學、理學、諸子學、掌故學、詞章學、外國語言文字學七目。將「辭章」列為大學堂的重要課程，不再將其排除在「專門學」之外，總算是一大進步。鑒於其時學生水準，張百熙主張先辦政、藝兩「豫備科」。對於「卒業後升入政治、文學、商務分科」的政科，章程規定周二學時的詞章課，任務是講述「中國詞章流別」。至於「詞章流別」如何講授，與章學誠、姚鼐、康有為之講學書院有無差別，章程並無明確指示。

　　一九○三年，晚清最為重視教育的大臣張之洞奉旨參與重訂學堂章程，據張自述：「數月以來，臣等互相討論，虛衷商榷，並博考外國各項學堂課程門目，參酌變通，擇其宜者用之，其於中國不相宜者缺之，科目名稱之不可解者改之，其有過涉繁重者減之。」[15]「參酌變通」的指導思想，在同時上呈的《學務綱要》中有詳細解釋。其中重要的一條，便是強調「學堂不得廢棄中國文辭」：

> 中國各體文辭，各有所用。古文所以闡理紀事，述德達情，最為可貴。駢文則遇國家典禮制誥，需用之處甚多，亦不可廢。古今體詩辭賦，所以涵養性情，發抒懷抱。中國樂學久微，藉此亦可稍存古人樂教遺意。中國各種文體，歷代相承，實為五大洲文化之精華。……惟近代文人，往往專習文藻，不講實學，以致辭章之外，於時勢經濟，茫無所知。宋儒所謂一為文人，便不足觀，誠痛乎其言之也！蓋黜華崇實則可，因噎廢食則不可。今擬除大學堂設有文學專科，聽好此者研究外，至各學堂中國文學一科，則明定日課時刻，並不妨礙他項科學。兼令誦讀有益德性風化之古詩歌，以代外國學堂之唱歌音樂，各

---

15 張百熙、榮慶、張之洞：《重訂學堂章程摺》，見《中國近代教育史資料》，上冊。

省學堂均不得拋荒此事。[16]

以主張「中學為體西學為用」著稱的張之洞，其強調「中國文辭」之不可廢棄，與其說是出於對文學的興趣，不如說是擔心「西學東漸」大潮之過於兇猛導致傳統中國文化價值的失落。這就不難理解，主張設立「中國文學」科目的張之洞，談及文學時，與歷來朝廷對科考文章的要求毫無二致：「但取理明詞達」，「不以雕琢藻麗為工」，「以清真雅正為宗」。除此之外，還「戒襲用外國無謂名詞，以存國文，端士風」。當然，章程也規定「中學堂以上各學堂必勤習洋文」，可理由是「今日時勢，不通洋文者，於交涉、遊歷、遊學，無不窒礙」。[17]至於「西洋文學」是否也屬於「五大洲文化之精華」，也值得設專科「聽好此者研究」，上述奏章、綱要及章程，均無明確說明。

雖無說明，一九〇三年的《奏定大學堂章程》裡卻已有此「擺設」。章程規定，文學科大學分九門：中國史學、萬國史學、中外地理、中國文學、英國文學、法國文學、俄國文學、德國文學、日本文學。[18]不用說，後五者純屬虛擬。與中國文學門從課程安排、參考書目到「文學研究法」都有詳盡的提示截然相反，英、法、俄、德、日這五個文學專門，均只有不著邊際的寥寥數語。須知，京師大學堂的各分科大學，正式成立的時間遲至一九一〇年；而且，文科大學中真正開設的，也只有中國文學和中國史學兩門。

雖說西洋文學課程的設計在很長時間裡只是「虛位以待」，但一九〇三年的《奏定大學堂章程》，依然大有新意。其中尤以對文學課程的構想，最值得重視。興辦西式學堂的直接目標，乃通過傳授「西

---

16 張百熙、榮慶、張之洞：《學務綱要》，見《中國近代教育史資料》，上冊。
17 張百熙、榮慶、張之洞：《學務綱要》，見《中國近代教育史資料》，上冊。
18 《奏定大學堂章程》，見《中國近代教育史資料》，中冊。

學」與「西藝」，培養治國安邦的「有用之才」。這點，朝野間認識並無差別。在晚清人眼中，「西藝」局限於聲光化電，「西學」也不包括文學藝術。[19]機器不如人，制度不如人，教育不如人，難道連原先自詡「天下第一」的「道德文章」也都不如人？時人對連「文學」都必須「進口」，感到不可思議。即便以介紹西方文化為己任的梁啟超，一九○三年暢遊美國，也諄諄告誡留學生們：「宜學實業，若工程礦務農商機器之類。勿專騖哲學文學政治。」[20]一直到二十世紀三○年代初，老詩人陳衍仍對錢鍾書到國外學文學大惑不解：「文學又何必向外國去學呢！我們中國文學不就很好嗎？」[21]

可是，借助於「大學堂章程」的不斷修訂，「文學教育」的重要性日漸得到承認；另外，新式學堂裡的「文學」，與傳統書院的「辭章之學」，也日漸拉開了距離。即便暫時無法開設正規的「西洋文學」課程，單是「中國文學」的科目設置及「研究法」，也讓中國讀書人耳目一新。

二 「文學史」的意義

《奏定大學堂章程》與《欽定京師大學堂章程》的巨大差別，不只在於突出文學課程的設置，更在於以西式的「文學史」取代傳統的「文章流別」。後者對「詞章」課程的說明，只有「中國詞章流別」六字；前者則洋洋灑灑兩千言，除總論性質的「中國文學研究法略

---

19 張之洞《勸學篇・設學》稱：「學校、地理、度支、賦稅、武備、律例、勸工、通商，西政也；算、繪、礦、醫、聲、光、化、電，西藝也。」

20 梁啟超：《新大陸遊記》，見《飲冰室合集・專集》，5冊，130頁，上海，中華書局，1936。

21 錢鍾書：《林紓的翻譯》，見《舊文四篇》，90頁，上海，上海古籍出版社，1979。

解」外，各門課程均有具體的提示。如「歷代文章源流」：「日本有
《中國文學史》，可仿其意自行編纂講授」；「歷代名家論文要言」：
「如《文心雕龍》之類，凡散見子史集部者，由教員搜集編為講
義」；「周秦諸子」：「文學史家於周秦諸子當論其文，非宗其學術也，
漢魏諸子亦可流覽」。

　　一九〇三年頒布的《奏定大學堂章程》，在「文學科大學」裡專
設「中國文學門」，主要課程包括「文學研究法」「《說文》學」「音韻
學」「歷代文章流別」「古人論文要言」「周秦至今文章名家」「四庫集
部提要」「西國文學史」等十六種。其中最值得注意的是，要求講授
「西國文學史」，以及提醒教員「歷代文章源流」一課的講授，應以
日本的《中國文學史》為摹本。此前講授「詞章」，著眼於技能訓
練，故以吟誦、品味、模擬、創作為中心；如今改為「文學史」，主
要是一種知識傳授，並不要求配合寫作練習。《奏定大學堂章程》對
此有所解釋：

　　　　博學而知文章源流者，必能工詩賦，聽學者自為之，學堂勿庸
　　　　課習。[22]

大學「勿庸課習」詩賦，中小學又有「學堂內萬不宜作詩，以免多占
時刻」的規定，[23]長此以往，不待五四新文化運動興起，傳統詩文在
西式學堂這一文學承傳的重地，已必定日漸「邊緣化」。詩文一事，
雖說「誦讀既多，必然能作」；但學堂之排斥作詩，將文學教育界定
為「文章流別」之分疏或「文學史」的講授，我以為，此舉更接近日
本及歐美漢學家的研究思路。

---

22 《奏定大學堂章程》，見《中國近代教育史資料》，中冊。
23 《奏定大學堂章程》，見《中國近代教育史資料》，中冊。

　　西式學堂的文學教育，不再以《唐詩別裁集》或《古文辭類纂》
為意，那麼，學生該如何在茫茫書海裡獲取所需知識？總不能再要求
他們在《四庫》《七略》中自己求索。時人比較中西教育之異同，對
外國學堂皆編有「由淺入深、條理秩然」的教本，大為欣賞，以為可
省去學生許多暗中摸索的工夫。[24]可是，一到具體落實，依舊阻力重
重，尤其是大學文科教材的編纂。

　　一八九八年，負責籌辦京師大學堂的管學大臣孫家鼐，便主張
「編書宜慎也」。「西學各書，應令編譯局迅速編譯」，這點孫家鼐沒
有異議；至於中學，經書部分「仍以列聖欽定者為定本」，史學諸書
則「前人編輯頗多善本，可以擇用」。但這一說法，明顯不能成立。
中國人之自編適應中小學學制需要的近代意味的教科書，始於十九世
紀九〇年代。[25]至於尚在創設階段的大學堂，哪來「頗多善本」的教
科書？其實，孫家鼐擔心的是，教科書的編寫，使得「士論多有不
服」。以教科書的編纂比附王安石的「創為三經新義，頒行學宮」，以
為會導致「以一家之學而範圍天下」，[26]孫家鼐明顯誤解了西式學堂裡
教科書普及知識的功能。

　　一九〇二年，張百熙執掌大學堂，重提教科書的編纂。西政、西
藝，以翻譯為主，只需刪去「與中國風氣不同及牽涉宗教之處」；反而
是有關「中學」的教習，找不到適用的教材。之所以急於將浩如煙海
的「百家之書」，「編為簡要課本，按時計日，分授諸生」，目的是：

　　　欲令教者少有依據，學者稍傍津涯，則必須有此循序漸進由淺

24 參見《總理衙門奏擬京師大學堂章程》，第一章第五節，見《北京大學史料》，1卷。
25 參見王建軍：《中國近代教科書發展研究》，第二章第一節「清末自編教科書的最初
　　嘗試」，廣州，廣東教育出版社，1996。
26 孫家鼐：《奏復籌辦大學堂情形摺》，見《北京大學史料》，1卷。

　　入深之等級。故學堂又以編輯課本為第一要事。[27]

依此思路，京師大學堂除採用編書局所譯之教本外，也要求各科教習
自編講義。國人編纂的大學堂講義，歷經歲月滄桑，現在存留下來的
數量不多，只有張鶴齡編《倫理學講義》、王舟瑤編《經學科講義》
與《中國通史講義》、屠寄編《史學科講義》、鄒代鈞編《中國地理講
義》，以及陳黻宸編《中國史講義》等寥寥數種。[28]最後一種之所以
「殘缺不全」，據說是因「提倡民權」而遭到焚毀。[29]

　　京師大學堂的講義，不只使用於校內，還可能傳播到全國各地。
如國文科教員林傳甲的《中國文學史》，一九〇四年的原刊本難得一
見，而一九一〇年武林謀新室的翻印本則流傳甚廣。深入解剖林著，
對我們理解京師大學堂的教科書建設，以及新學制下的文學教育，將
是不可多得的範例。

　　作為第一部借鑒和運用西方文學史著述體例撰寫的《中國文學
史》，林傳甲此書歷來備受關注。[30]既是「開山之作」，缺陷在所難
免，論者往往寬厚待之，甚至努力發掘其實際上並不存在的「自創體
例」與「獨出機杼」。《奏定大學堂章程》的提醒，以及林氏的自述，

---

27 張百熙：《奏籌辦京師大學堂情形疏》，見《北京大學史料》，1卷。

28 參見莊吉發《京師大學堂》（臺北，臺灣大學文學院，1970）第三章第二節「教材
　　與教法」。另外，郝平《北京大學創辦史實考源》（北京，北京大學出版社，1998）
　　第九章對此也有所陳述，可參閱。

29 此說見陳謐編《陳黻宸年譜》「1904年」則所錄李士楨《挽詩》，見陳德溥編：《陳
　　黻宸集》，1192頁，北京，中華書局，1995。

30 比如，鄭振鐸《插圖本中國文學史》、容肇祖《中國文學史大綱》等都將此書作為最
　　早由中國人撰寫的文學史來表彰；近年夏曉虹《作為教科書的文學史——讀林傳甲
　　〈中國文學史〉》（載《文學史》，2輯，北京，北京大學出版社，1995）和戴燕《文
　　學‧文學史‧中國文學史——論本世紀初「中國文學史」學的發軔》（載《文學遺
　　產》，1996（6）），更對此書有專門的評述。

使得世人較多關注此書與其時已有中譯本的《歷朝文學史》（笹川種
郎作）的關係。這自然沒錯，只是林著對於笹川「文學史」的借鑑，
尤其是將其改造成為「一部中國古代散文史」[31]，並非一時心血來
潮，而是大有來頭。

　　林著共十六篇，各篇目次如下：一、古文籀文、小篆、八分、草
書、隸書、北朝書、唐以後正書之變遷；二、古今音韻之變遷；三、
古今名義訓詁之變遷；四、古以治化為文、今以詞章為文關於世運之
陞降；五、修辭立誠、辭達而已二語為文章之本；六、古經言有物、
言有序、言有章為作文之法；七、群經文體；八、周秦傳記雜史文
體；九、周秦諸子文體；十、《史》《漢》《三國》四史文體；十一、
諸史文體；十二、漢魏文體；十三、南北朝至隋文體；十四、唐宋至
今文體；十五、駢散古合今分之漸；十六、駢文又分漢魏、六朝、
唐、宋四體之別。對照《奏定大學堂章程》，不難發現，此十六章
目，與「研究文學之要義」前十六款完全吻合。至於後二十五款，牽
涉到古今名家論文之異同、文學與地理之關係、有學之文與無學之文
的分別、泰西各國文法的特點等，與「文學史」確實有點疏遠，不說
也罷。

　　對此寫作策略，林著《中國文學史》的開篇部分其實有相當明晰
的交代：

> 查《大學堂章程》中國文學專門科目所列研究文學眾義，大端
> 畢備，即取以為講義目次。又採諸科關係文學者為子目，總為
> 四十有一篇。每篇析之為十數章，每篇三千餘言，甄擇往訓，
> 附以鄙意，以資講習。夫籀篆音義之變遷，經史子集之文體，

---

31 參見黃霖：《近代文學批評史》，783-785頁，上海，上海古籍出版社，1993。

漢魏唐宋之家法，書如煙海，以一人智力所窺，終恐掛一漏
萬。諸君於中國文字，皆研究有素，庶勖其不逮，俾成完善之
帙。則傅甲斯編，將仿日本笹川種郎《中國文學史》之意以成
書焉。[32]

此乃作者最初的設計，希望亦步亦趨，讓「章程」的四十一款款款得
到落實。可在實際寫作過程中，因擔心體例過於紊亂，放棄了後二十
五款。講義刊行前夕，作者撰寫「題記」，對其「大膽取捨」做了辯
解：「大學堂『研究文學要義』，原係四十一款，茲已撰定十六款，其
餘二十五款，所舉綱要，已略見於各篇，故不再贅錄。」[33]其實，在
已知的京師大學堂講義中，林著堪稱遵守章程的模範。王舟瑤、屠
寄、陳黻宸、鄒代鈞等人講義的章節安排，均與《奏定大學堂章程》
有很大出入。或許，這正好說明了其時「文學史」研究「妾身未明」
的尷尬位置——既不像「經學」那樣標準自定不待外求，也不像「地
理學」那樣基本取法域外著述，於是，只好照搬現成的大學堂章程。

正因如此，談論林著之得失，與其從對於笹川著述的改造入手，
不如更多關注作者是如何適應《奏定大學堂章程》的。比如，常見論
者批評林著排斥小說戲曲，可那正是大學堂章程的特點，林君只是太
循規蹈矩罷了。還有，林著的論述大都蜻蜓點水，幾無任何獨創性可
言，這也與其「依樣畫葫蘆」的論述策略大有關係。而「每篇自具首
尾，用紀事本末之體也；每章必列題目，用通鑑綱目之體也」，以及
全書章節勻稱，每篇字數相當，更是為了便於講習。說到底，這是一
部普及知識的「講義」，不是立一家之言的「著述」——時人正是從
這一角度接受此作的。

32　林傳甲：《中國文學史》，1頁，東京，武林謀新室，1910。
33　林傳甲：《中國文學史》，「題記」。

　　與林氏同在京師大學堂任教的「東文兼世界史、倫理、外國地理、代數、幾何教員」江亢虎（紹銓），對「年二十，著書已等身」的作者之「奮筆疾書，日率千數百字，不四閱月《中國文學史》十六篇已殺青矣」，實際上頗有微詞。強調此書不同於古人「瘁畢生精力」之「著述」，只是為了便利初學而寫作：

> 況林子所為，非專家書而教科書，固將詔之後進，頌之學宮，以備海內言教育者討論焉。其不可以過自珍秘者，體裁則然也。[34]

區別「教科書」與「專家書」，這是個很有意思的提法。此後百年，中國學者熱衷於撰寫無數大同小異的《中國文學史》，很少人認真反省這一著述本身的內在限制，使得「教科書心態」彌漫於整個中國學界。[35]魯迅說「我的《中國小說史略》，是先因為要教書糊口，這才陸續編成的」[36]，這話一點不假。假如沒有「教書」這一職業，或者學校不設「文學史」這一課程，不只魯迅，許多如今聲名顯赫的文學史家都可能不會從事「文學史」的著述。一直到今天，絕大部分《中國文學史》，都是應某種教學需要而撰寫的。這種為「求教育普及之用」而撰寫的文學史，是否真的如文學史家劉永濟所稱的，「直輪扁所謂古人之糟粕已矣」，尚可爭議；但「文學史」的創制，乃「今之學制，仿自泰西」的產物[37]，這點倒是確鑿無疑。

　　同是京師大學堂或北京大學的講義，不見得非囿於「章程」不

---

34 江紹銓：《〈中國文學史〉序》，見林傳甲：《中國文學史》。

35 參見陳平原：《小說史：理論與實踐》，第三章，北京，北京大學出版社，1993。

36 魯迅：《柳無忌來信按語》，見《魯迅全集》，8卷，299頁。

37 劉永濟：《十四朝文學要略：上古至隋》，1-2頁，哈爾濱，黑龍江人民出版社，1984。

可。繼林傳甲而講學上庠的，不乏藝高膽大的文人學者，其撰述也遠
比林著優秀。更重要的是，大學堂裡的文派之爭，直接影響了整個時
代的文學潮流，甚至與五四新文化運動的興起不無關係。

三　「桐城」與「選學」之爭

　　文學上「家法」不太明顯的林傳甲，一九〇六年離開大學堂的教
席。同年，對桐城文章情有獨鍾的古文家兼翻譯家林紓進入京師大學
堂，先後任經學教員和經文科教員，直到一九一三年被迫去職。講學
大學堂時的林紓，聲望如日中天，除此前譯述西洋小說備受讚賞外，
如今又在古文寫作與研究兩個領域裡引領風騷。名滿天下，謗亦隨
之，講學上庠不是一件輕鬆的事情，尤其在一個文化轉型的時代。

　　一九〇六年，剛剛任教大學堂的林紓，結識了著名的桐城派古文
家馬其昶（馬氏其後也曾短期任教京師大學堂），得到高度讚譽，於
是對自家文章益發自信。第二年，應張元濟的邀請，林紓開始為商務
印書館選編十卷本的《中學國文讀本》，精選並評注從清代上溯周秦
的古文；一九一〇年，收錄林紓歷年所作古文一百〇九篇的《畏廬文
集》由商務印書館出版；一九一三年六月，《春覺生論文》開始在
《平報》連載——所有這些，使得「翻譯家」的林紓，儼然成了「古
文權威」。可也就是這一年，林紓與另一位桐城古文大家姚永概因北
大校園裡的人事糾紛及文派之爭，一併去職。

　　此事對林紓打擊甚大，雖然在家信中，林氏一再表示去職乃是因
不願為五斗米折腰，而且對其生計毫無妨礙：

　　　　字諭祥兒知之：大學堂校長何燏時，大不滿意於余，對姚叔節
　　　　老伯議余長短，余聞之失笑。以何某到校時，余無諂媚之容，

亦無趨承之態,故憾我次骨。實則思用其鄉人,亦非於我有仇也。然每禮拜立講至十句鍾,余年老亦不堪矣,失去此館,亦無大礙。前已為政法學堂延為講師,每禮拜六點鍾,月薪一百元,合《平報》社二百元,當支得去。唯搬入城內,屋租三十八元,稍貴。幸與銘盤、石蓀、秀生三人譯書,亦可得百餘元。以盈擠(濟)虛,尚不吃虧。[38]

其時林紓賣文賣畫的收入頗豐,倘以經濟論,確實可對失去北京大學的教職不太在意。可此乃平生事業之轉捩點,敏感的林紓自是極為憤怒。在《與姚叔節書》中,大談如何「不容於大學」,尤其對「以捫扯為能,以餖飣為富」「剽襲漢人餘唾」的「庸妄鉅子」大加討伐,指斥「其徒某某騰噪於京師,極力排媚姚氏,昌其師說,意可以口舌之力,撓蔑正宗」。[39]明眼人一看即都明白,林紓將去職之事歸咎於章太炎。

　　章太炎對林紓,確曾有過相當苛刻的評價,比如,一九一〇年發表於《學林》上的《與人論文書》,便將其斷為並世文人中文體最為卑下者:

　　　　紓視(嚴)復又彌下,辭無涓選,精彩雜污,而更浸潤唐人小說之風;夫欲物其體勢,視若蔽塵,笑若齲齒,行若曲肩,自以為妍,而只益其醜也。[40]

---

38 林紓:《畏廬老人訓子書》,第十五則,見《林紓詩文選》,372頁,北京,商務印書館,1993。

39 林紓:《與姚叔節書》,見《畏廬續集》,上海,商務印書館,1916。

40 章太炎:《與人論文書》,見《章太炎全集》,4卷,168頁,上海,上海人民出版社,1985。

事隔三年，此苛評不但沒有煙消雲散，反而因辛亥革命成功，章氏弟子大舉進京，對林紓等桐城文派造成更加直接的威脅。何校長之更弦易轍，林紓心裡明白，並非只是因其「無趨承之態」。否則，林氏不會迅速將目標鎖定在並不在場的章太炎以及校長的「思用其鄉人」。

何燏時乃浙江諸暨人，早年留學日本東京帝國大學，對同是浙江老鄉且聲名顯赫的章太炎相當仰慕。恭請不到，便接納其門下諸賢。說何氏「思用其鄉人」，也不無道理；但更重要的，還是作為民國元勳兼國學大師的章太炎，其聲譽遠遠超過林紓等純粹文人。據沈尹默稱，何校長確實不滿林紓的教學，尤其是「林在課堂上隨便講講小說」。於是把太炎先生的弟子馬裕藻、沈兼士、錢玄同連同與章門弟子常在一起的沈尹默陸續招聘到北大，「最後，太炎先生的大弟子黃侃（季剛）也應邀到北大教課」。於是，開始了「北大第一次的新舊之爭，是爭領導權，當然，也包括思想鬥爭在內」。沈尹默對這場「奪權」爭鬥有十分明確的表述：

> 太炎先生門下大批湧進北大以後，對嚴復手下的舊人則採取一致立場，認為那些老朽應當讓位，大學堂的陣地應當由我們來占領。[41]

其實，在一九一七年蔡元培長校以前，章門弟子在北大開展的「思想鬥爭」，痕跡不太明顯；倒是「文派之爭」轟轟烈烈，而且戰績輝煌。最明顯的，當屬將桐城派的馬其昶、林紓、姚永概、姚永樸等驅逐出北大。[42]

---

41 沈尹默：《我和北大》，見陳平原、夏曉虹編：《北大舊事》，北京，生活・讀書・新知三聯書店，1998。

42 錢基博《現代中國文學史》述及此段公案，大致準確：「初紓論文持唐宋，故亦未

　　就在離開北京大學的這一年，林紓撰《送大學文科畢業諸學士序》，對古文未來的命運憂心忡忡：

> 歐風既東漸，然尚不為吾文之累。敝在俗士以古文為朽敗，後生爭襲其說，遂輕蔑左、馬、韓、歐之作，謂之陳穢文，始輾轉日趨於敝，遂使中華數千年文字光氣一旦暗然而熠，斯則事之至可悲者也。[43]

此文體現出來的憂患意識與衛道熱情，已經蘊涵著日後與五四新文化人的直接衝突。至於文章結尾之呼籲「彬彬能文」的「同學諸君」奮發圖強，「力延古文之一線，使不至於顛墜」，與其表彰左馬韓歐的《春覺生論文》之開始連載（1916年由都門印書局出版單行本時改題《春覺齋論文》），大概並非純粹的偶合吧？

　　《春覺齋論文》不同於林傳甲的《中國文學史》，劈頭就是「論文之言，猶詩話也」，明顯回到傳統文論的套路。「流別論」十五節，還可作為簡略的散文史讀；可「應知八則」「論文十六忌」等，偏於具體寫作經驗的傳授，與新學制的規定不盡吻合。一九一三年教育部公布大學規程，要求「國文學類」講授文學研究法、詞章學、中國文學史、希臘羅馬文學史、近世歐洲文學史等──「文學史」的課程增

嘗薄魏晉。及入大學，桐城馬其昶、姚永概繼之，其昶尤吳汝綸高第弟子，號為能紹述桐城家言者，咸與紓歡好。而紓亦以得桐城學者之盼睞為幸，遂為桐城張目，而持韓柳歐蘇之說益力。既而民國興，章炳麟實為革命先覺，又能識別古書真偽，不如桐城派學者之以空文號天下。於是，章氏之學興，而林紓之說熠。紓、其昶、永概咸去大學，而章氏之徒代之。紓憤甚。」錢基博：《現代中國文學史》，194頁，長沙，嶽麓書社，1986。

43　林紓：《送大學文科畢業諸學士序》，見《畏廬續集》。

加而不是減少。[44]作為晚清文論名著,《春覺齋論文》開始連載時,林紓剛剛離開北大,因此,有理由推測,這很可能是其在北京大學的講稿。如此說能得到證實,則民初代表桐城、選學兩大文派的四部重要著述《春覺齋論文》(林紓)、《文學研究法》(姚永樸)、《中國中古文學史》(劉師培)、《文心雕龍札記》(黃侃)等最初均是北大講義。

作為林紓在大學堂及北大的同事(遲到早退各一年),陳衍雖主要以詩評家名世,可古文根柢也不薄。對於遣詞造意不屑屑為含蓄頓挫、力脫桐城藩籬的陳衍文章,錢基博頗有好感,將其「粗頭亂服」與林紓的「搔首弄姿」對舉。[45]陳衍不滿桐城文派,對林紓更是多有譏評。二十世紀三〇年代初,陳與錢鍾書閒談,講到「道聽塗說,東塗西抹,必有露馬腳狐尾之日」,舉的正是當年的同事林紓。不只批評林氏空疏不學,還嘲笑其根本不懂古文,稱其「任京師大學堂教習時,謬誤百出」。[46]此說不太可靠,只能理解為「門戶之見」以及「文人相輕」。因為,據當年的老學生胡先驌、姚雛等人追憶,林紓乃其時大學堂裡最負盛名、也最受學生歡迎的教員之一。[47]

另一位正宗的桐城傳人姚永樸,在北大任教的時間是一九一〇年二月至一九一七年三月,親眼目睹了最高學府裡桐城勢力之由盛而衰,以至被章門弟子及師友「掃地出門」的全過程。這種牽涉文派之爭的學院政治,在民初的北大,愈演愈烈,成了五四新舊文學論戰中另一個隱秘的戰場。

44 《教育部公布大學規程》,見《中國近代教育史資料》,中冊。

45 錢基博:《現代中國文學史》,263頁。

46 錢鍾書:《石語》,31-34頁,北京,中國社會科學出版社,1996。另外,黃曾樾記錄的《陳石遺先生談藝錄》也有類似的說法。

47 參見胡先驌:《京師大學堂師友記》,見黃萍蓀編:《四十年來之北京》,2輯,上海,子日社,1950;姚雛:《姚雛剩墨》,24頁,北京,社會科學文獻出版社,1994。

　　不曾主動出擊、但也身不由己地介入文派之爭的姚永樸，任教北大七年，倒是留下完整的講義。拜讀過「結論」部分，不難明白《文學研究法》一書的論述框架：

> 是故始必有人指示途轍，然後知所以用力；終必自己依所指示者而實行之，然後有得力處。不然，非眼高手生，即轉為深細之律所束縛而格格不吐。欲免此二病而獲益，要惟有從事於惜翁所謂「熟讀」「精思」及「久為之」者。[48]

與《春覺齋論文》相似，此書的主要著眼點，不是「文學研究」，而是「寫作指導」。據門生張瑋稱，應京師大學堂之聘後，姚氏開始在以前所作《國文學》的基礎上撰寫《文學研究法》，每成一篇，輒為弟子誦說：「危坐移時，神采奕奕，恆至日昃忘餐，僕御皆環聽戶外，若有會心者。」[49]戶外的「僕御」是否真的能聽懂，我很懷疑；但講究「別有會心」，確是此書的特長。作者發凡起例，模仿的是古老的《文心雕龍》，而不是剛剛傳入的文學史，故不以文學歷史的發展為敘述線索，而是集中討論文學（以「古文」為中心）創作的各種要素。作者不愧桐城傳人，談「神理」與「氣味」、說「格律」與「聲色」、辨「剛柔」與「雅俗」時，均能旁徵博引，折中各家意見，故此書不妨作為桐城文派最後的總結來閱讀。

　　對於桐城文派的批評，若只是像陳衍那樣風言風語旁敲側擊，倒也無大礙。可章門弟子卻是釜底抽薪，迅速占領「大學堂的陣地」。將教育權利與文派爭辯糾合在一起，使得學術思潮與主流話語的轉化

---

48 姚永樸：《文學研究法》，190頁，合肥，黃山書社，1989。
49 張瑋：《〈文學研究法〉序》，見姚永樸：《文學研究法》。

迅速完成。短短幾年，北大已由桐城文派的大本營，轉為以提倡魏晉六朝文著稱。先是黃侃進入北大，講授《文心雕龍》（1914-1919），後又有劉師培歸隱上庠，主講中古文學史（1917-1919），二人攜手，顛覆了以唐宋八大家為盟主的文學史想像。

　　黃侃早年受業於章太炎門下，對僅年長兩歲的劉師培也曾執弟子禮。章劉二師文學觀念不盡一致，甚至有過相當深入的爭辯[50]，黃侃則經常折中師說，然後再推陳出新。《文心雕龍札記》作為一代名篇，在學術上有其永久價值，時至今日，仍為研究者再三引述。[51]這裡只想指出一點：此書帶有明顯的論戰色彩，即提倡選學，排斥桐城。如《原道》篇札記云：

> 蓋人有思心，即有言語；既有言語，即有文章。言語以表思心，文章以代言語，惟聖人為能盡文之妙。所謂道者，如此而已。此與後世言「文以載道」者截然不同。今置一理以為道，而曰文非此不可作，非獨昧於語言之本，其亦膠滯而罕通矣。

而在《麗辭》篇的札記中，季剛先生又有言：

> 近世褊隘者流，竟稱唐宋古文，而於前此之文，類多譏詆。其所稱述，至於晉宋而止。

前引各節，直接針對的無疑是桐城文派的兩大支柱：「學行繼程朱之後，文章在韓歐之間。」至於《通變》篇的札記，更是借題發揮，直

50　參見王楓：《劉師培文學觀的學術資源與論爭背景》，載《學人》，13輯，南京，江蘇文藝出版社，1998。

51　參見周勳初：《當代學術研究思辨》，1-17頁，南京，南京大學出版社，1993。

搗桐城立派之根基：

> 彥和此言，為時人而發。後世有人高談宗派，壟斷文林，據其
> 私心，以為文章之要止此，合之則是，不合則非，雖士衡、蔚
> 宗，不免攻擊，此亦彥和所譏也。[52]

指責對方「高談宗派，壟斷文林」，作為一種批判策略固然有效，可本身並不構成獨立的理論體系。

季剛先生長於小學而又精研「文心」，落筆為文，簡雅合度，乃近世不可多得的兼修「文」「學」之名家。可要說到文學觀念，黃氏主要受惠於劉師培，尚未能「成一家之言」。申叔先生一九一七年方才講學北大，可十年前已在文壇上獨樹一幟。《廣阮氏文言說》還只是接續清人的爭論，重提文章必須是「沉思翰藻」「有韻偶行」；而《文說》《文章源始》《論近世文學之變遷》《論美術與徵實之學不同》以及《論文雜記》等，已初步構建起一個頗具特色的文論體系。

主張「駢文之一體，實為文類之正宗」的劉師培[53]，對桐城文派之「以經為文，以子史為文」很不以為然，對近世文壇上「枵腹之徒，多託於桐城之派，以便其空疏」，更是熱諷冷嘲。[54]這裡希望指出的是，劉氏很早就對「文學史」的研究與寫作感興趣，一九〇五年的《文章源始》引述澀江保的《羅馬文學史》，用以論證文體變遷乃

---

52 上述引文分別見黃侃：《文心雕龍札記》，3-4、208、134-135頁，上海，華東師範大學出版社，1996。

53 劉師培：《文說》，見郭紹虞、羅根澤編：《中國近代文論選》，552頁，北京，人民文學出版社，1959。

54 劉師培：《文章源始》，見《中國近代文論選》，563頁；《論近世文學之變遷》，見《中國近代文論選》，582頁。

「事物進化之公例」；同年，年僅二十二歲的劉氏甚至已撰有《中國
文學教科書》一冊。到了講學上庠，劉氏更將文學史的寫作作為名山
事業來苦心經營。《搜集文章志材料方法》開篇曰：「文學史者，所以
考據歷代文學變遷也」，結尾稱「此則徵實之學也」。此等自我表白，
再輔以《漢魏六朝專家文研究》之十七「論各家文章之得失應以當時
人之批評為準」，不難理解其研究策略與撰述體例。[55]申叔先生在北大
的講義《中國中古文學史》，日後備受學界推崇，連眼界極高的魯
迅，也對此書頗有好感。[56]在現代中國學界，真正將「文學史」作為
一「專門學問」來深入探討，而且其著述的影響歷久不衰者，此書很
可能是第一部。

　　對比劉、黃與林、姚在北大的同類講義，前者推崇六朝，後者獨
尊唐宋；前者學養豐厚，後者體會深入，本該各有千秋。可為何前者
一路凱歌，而後者兵敗如山倒？除了時局的變遷、人事的集合，更有
兩點值得注意：一是六朝的文章趣味與其時剛傳入的西方文學觀念比
較容易會通；一是樸學家的思路與作為大學課程兼著述體例的「文學
史」比較容易契合。因而，此後幾十年的「中國文學史學」，走的基
本上是劉、黃而不是林、姚的路子。

　　在民初的北京大學，「桐城」「選學」勢同水火，爭鬥的結果，提
倡六朝文的選學派大獲全勝。可迅速崛起的「新文化」，將清代延續
下來的文派之爭一筆抹殺，另闢論戰的話題。剛剛獲勝的劉、黃之
學，一轉又成了新文化人攻擊的目標。最直接的證據，莫過於「桐城

---

55 劉師培：《搜集文章志材料方法》，載《國故》，3期，1919；又見《中國近代文論
　　選》，586-589頁。《漢魏六朝專家文研究》由羅常培記錄，抗戰末年刊行於重慶，現
　　收入遼寧教育出版社1997年版《中古文學論著三種》。

56 魯迅對劉師培《中國中古文學史》一書的好感，除了體現在《魏晉風度及文章與藥
　　及酒之關係》一文的引述與發揮，更落實在1928年2月24日致臺靜農信中的褒揚。
　　參見魯迅：《魯迅全集》，3卷，501-517頁；11卷，609-610頁。

謬種，選學妖孽」口號的提出，以及隨後黃侃之轉教武昌高等師範學校、劉師培的出任與《新潮》相對抗的《國故》月刊總編。

四　作為知識生產的文學教育

一九一七年，就在最後一個桐城大家姚永樸悄然離去的同時，又有四位現代中國學術史上的重要人物進入北大，那就是章門弟子周作人、留美學生胡適、以戲曲研究和寫作著稱的吳梅以及對通俗文學有特殊興趣的劉半農。北大的文學教育，從此進入了一個新天地。

發明「桐城謬種，選學妖孽」口號的錢玄同[57]，與黃侃同出一門，都是章太炎東京講學時的學生。不但如此，其時北京學界活躍的「新銳」，即使與太炎先生沒有師承關係，也都對其為學為人表示敬意（如陳獨秀、胡適）。這種局面，使得新文化運動在橫掃「舊文學」時，明顯的「厚此薄彼」。這裡有人事的因素：五四新文化人中舊學修養好、有能力從學理上批評「選學」的，基本上都是章門弟子。章門弟子虛晃一槍，專門對付「桐城」去了，這就難怪「謬種」不斷挨批，而所謂的「妖孽」則基本無恙。但「選學」不但沒有受到徹底的清掃，反而可以成為新文化人的批判武器這一事實，本身也質疑了「妖孽」的命名方式。實際上，經太炎先生及周氏兄弟的努力轉化，魏晉風度與六朝文章，將成為現代中國最值得重視的傳統文學資源。[58]

「桐城」基本退出歷史舞臺，「選學」歷經轉化而有所存留，一九一七年以後的北京大學，新文化人占據了絕對優勢。白話文學的提

---

57 錢玄同本人對這一「發明」十分得意，在致陳獨秀、胡適函中再三陳述（參見《新青年》2卷6號、3卷5號、3卷6號的「通信」欄）。

58 陳平原：《中國現代學術之建立》，375-393頁。

倡、思想革命的催生、五四運動的爆發，構成了此後五年北大校園裡
最為亮麗的風景線。即便在這轟轟烈烈的大時代，「文學教育」的蛻
變，依然值得關注。

　　先看看一九一七年北京大學的中國文學門的課程表，括弧裡的數
字代表每週課時[59]：

> 第一年　中國文學（6）、中國文學史（上古迄魏，3）、文字學
> 　　　　（聲韻之部，3）、希臘羅馬文學史（3）、哲學概論
> 　　　　（3）、第一種外國語（8）
>
> 第二年　中國文學（6）、中國文學史（魏晉迄唐，3）、文字學
> 　　　　（形體之部，3）、近世歐洲文學史（3）、美學（3）、
> 　　　　第二種外國語（8）
>
> 第三年　中國文學（6）、中國文學史（唐宋迄今，3）、文字學
> 　　　　（訓詁之部，3）、第二種外國語（8）

北京大學檔案館裡恰好藏有一九一八年的《北京大學文科一覽》，抄
錄其中國文系教員的教學情況，可以使得上述的課程表更具血肉（課
程後面的數字依舊表示周學時）：

> 劉師培　中國文學（6）、文學史（2）
> 黃　侃　中國文學（10）
> 朱希祖　中國古代文學史（2）、中國文學史大綱（3）
> 錢玄同　文字學（6）

---

59 朱有主編：《中國近代學制史料》，3輯，下冊，99頁，上海，華東師範大學出版社，
　　1992。

周作人　歐洲文學史（3）、十九世紀文學史（3）
吳　梅　詞曲（10）、近代文學史（2）
黃　節　中國詩（6）

以上兩個簡表，起碼可以使我們明白：一、「文學史」成了中文系的重頭課；二、中文系學生不能繞開「歐洲文學」；三、「近世文學」開始受到重視；四、此前不登大雅之堂的「戲曲」與「小說」，如今也成了大學生的必修課。這裡必須略做說明，「小說」一課，校方明知重要，因一時找不到合適的教員，設計為系列演講（演講者包括胡適、劉半農、周作人等）。直到一九二〇年魯迅接受北大的聘請，正式講授「中國小說史」，中文系的課程方才較為完整。

　　按照當年北大校方的有關規定，每門正式課程，都必須為學生提供即便是十分簡要的講義。教員多是一邊編寫講義，一邊進行教學；講義修改後正式出版，往往便成了學術史上的重要著作。除了上節提到的林、姚、劉、黃四種著述外，提倡新文化的北大教授，其講義更可能「石破天驚」。周氏兄弟的《歐洲文學史》和《中國小說史略》，均屬於該領域的開山之作，功不可沒。胡適的《五十年來中國之文學》，一改中國人的崇古傾向，將「當代文學」納入考察的視野，這本出版於一九二二年的小書，並非講義，但也與其在北大的工作息息相關。任教北大的前與後，吳梅剛好完成了代表作《顧曲麈談》和《中國戲曲概論》，但其《詞餘講義》仍是由北京大學出版部印行。至於日後成為著名語言學家的劉半農，五四時則以組織歌謠徵集活動，模仿民歌寫作《揚鞭集》《瓦釜集》著稱於世。

　　新文化運動時期的北大國文系，朝氣蓬勃，至今仍令人神往。在其眾多實績中，形成「文學史」的教學及著述傳統，並非最為顯赫的功業。但文學史的教學與研究，不同於一般的批評實踐，作為一種知

識體系，需要新學制的支持，也需要一代代學人的不懈努力。此類熔古今於一爐的文學史想像，既是基礎知識，也可以是文學主張；既是革新的資源，也可以是反叛的旗幟——故也並非無足輕重。

倘若將「百年樹人」這一大學教育的特點考慮在內，「西學東漸」以後形成的以「文學史」為核心的「文學教育」所可能發揮的作用，以及所遺留的問題，實在值得深入反省。當然，認真談論作為一種知識生產的文學教育在中國的演變，單靠北大作為個案，未免過於單薄。好在這裡只是希望提起話頭，權當一次「得勝頭回」。

思想史視野中的文學[1]
——《新青年》研究

　　一九一九年年底，《新青年》為重印前五卷刊登廣告，其中有這麼一句：「這《新青年》，彷彿可以算得『中國近五年的思想變遷史』了。不獨社員的思想變遷在這裡面表現，就是外邊人的思想變遷也有一大部在這裡面表現。」[2]這則廣告，應出自《新青年》同人之手，因其與半年前所刊代表群益書社立場的《〈新青年〉自一至五卷再版預約》大不相同，後者只是強調《新青年》乃「提倡新文學，鼓吹新思想，通前到後，一絲不懈，可算近來極有精彩的雜誌」[3]；不若前者之立意高邁，直接從思想史角度切入。

　　四年後，胡適在其主編的《努力週報》上發表《與高一涵等四位的信》，既是講述歷史，也在表達志向：

> 二十五年來，只有三個雜誌可代表三個時代，可以說是創造了三個新時代：一是《時務報》；一是《新民叢報》；一是《新青年》。而《民報》與《甲寅》還算不上。[4]

胡適並沒解釋為何談論足以代表「一個時代」的雜誌時，不提讀者面

1　本文初刊《中國現代文學研究叢刊》，2002（3）、2003（1）。
2　《〈新青年〉第一、二、三、四、五卷合裝本全五冊再版》，載《新青年》，7卷1號，1919年12月。
3　《〈新青年〉自一至五卷再版預約》，載《新青年》，6卷5號，1919年5月。
4　胡適：《與高一涵等四位的信》，載《努力周報》，75期，1923年10月。

很廣的《東方雜誌》或備受史家推崇的《民報》。我的推測是：可以
稱得上「創造了」一個時代的雜誌，首先必須有明確的政治立場，這
樣方才可能直接介入並影響時代思潮之走向；其次必須有廣泛而且相
對固定的讀者群；再則必須有較長的生存時間。依此三者衡量，存在
時間很長的《東方雜誌》與生氣淋漓的《民報》，「還算不上」是「代
表」並「創造了」一個新時代。[5]

　　十幾年後，思想史家郭湛波正式坐實《新青年》同人的自我期
待，稱「由《新青年》可以看他（指陳獨秀——引者按）個人思想的
變遷，同時可以看到當時思想界的變遷」。[6]此後，從思想史的角度來
評述《新青年》，成為學界的主流聲音。政治立場迥異的學者，在論
述《新青年》的歷史意義時，居然能找到不少共同語言——比如同樣
表彰其對於「民主」與「科學」的提倡等。[7]可作為一代名刊的《新
青年》，畢竟不同於個人著述；如何在思想史、文學史、報刊史三者
的互動中，理解其工作程序並詮釋其文化／文學價值，[8]則有待進一
步深入開掘。

5　陳平原：《雜誌與時代》，見《摘水集》，140-142頁，天津，百花文藝出版社，2001。

6　郭湛波：《近五十年中國思想史》，82頁，濟南，山東人民出版社，1997（據1936年
　　北平人文書店版重印）。

7　彭明：《五四運動史》（修訂本），第五章，北京，人民出版社，1998；蕭超然：《北
　　京大學與五四運動》，第二章，北京，北京大學出版社，1986；周策縱：《五四運
　　動：現代中國的思想革命》，周子平等譯，第三章，南京，江蘇人民出版社，
　　1996；〔美〕微拉・施瓦支：《中國的啟蒙運動——知識分子與五四遺產》，李國英
　　等譯，第二章，太原，山西人民出版社，1989。

8　《五四時期期刊介紹》第一集（北京，生活・讀書・新知三聯書店，1978）《〈新青
　　年〉》章的最後一節專門討論《新青年》與報刊工作；陳萬雄《五四新文化的源流》
　　（北京，生活・讀書・新知三聯書店，1997）第一章題為「《新青年》及其作者」；
　　陳平原《學問家與輿論家》（載《讀書》，1997（11））關注《新青年》中的「通
　　信」與「隨感」；李憲瑜《〈新青年〉研究》（北京大學博士論文，2000，未刊）設
　　第五章「欄目與文體」。

　　陳獨秀主編的《青年雜誌》創刊於一九一五年九月十五日；第二卷起改題《新青年》，雜誌面貌日漸清晰。《新青年》第二卷最後一號出版時（1917年2月），陳獨秀已受聘為北京大學文科學長，故第三卷起改在北京編輯，出版發行則仍由上海群益書社負責。一九二〇年春，陳獨秀因從事實際政治活動而南下，《新青年》隨其遷回上海，後又遷至廣州，一九二二年七月出滿九卷後休刊。一九二三至一九二六年間出現的季刊或不定期出版物《新青年》，乃中共中央的理論刊物，不再是新文化人的同人雜誌。故談論作為五四新文化「經典文獻」的《新青年》，我主張僅限於前九卷。

　　是否將瞿秋白主編的季刊或不定期出版物《新青年》納入考察視野，牽涉到對該刊的宗旨、性質、人員構成以及運營方式的理解，將在以下的論述中逐漸展開。

一　同人雜誌「精神之團結」

　　談論作為一代名刊的《新青年》，首先必須將其置於晚清以降的報刊大潮中，方能理解其成敗得失。不僅是主編陳獨秀，幾乎所有主要作者，在介入《新青年》事業之前，都曾參與報刊這一新生的文化事業，並多有歷練。廣為人知的，如陳獨秀辦《安徽俗話報》、蔡元培辦《警鐘日報》、吳稚暉辦《新世界》、章士釗辦《甲寅》、錢玄同辦《教育今語雜誌》、馬君武協辦《新民叢報》、高一涵編《民彝》、李大釗編《言治》、胡適編《競業旬報》、劉叔雅編《民立報》、吳虞編《蜀報》，以及謝無量任《京報》主筆、蘇曼殊兼《太平洋報》筆政、劉半農為《小說界》撰稿、周氏兄弟為《河南》《浙江潮》《女子世界》等撰稿並積極籌備《新生》雜誌。周策縱曾提醒我們注意，「《新青年》是在中國近代第一份中文刊物出現整整一百年後創刊

的」[9]，言下之意是必須關注晚清的辦報熱潮。這個提醒無疑是必要的，尤其對於刻意拔高《新青年》在報刊史上意義的流行思路，更有反撥作用。可我更願意指出，中國知識者大量介入新興的報刊事業，是「戊戌變法」前後方才開始的。《新青年》的作者群及編輯思路，與《清議報》《新民叢報》《民報》《甲寅》等清末民初著名報刊，有著千絲萬縷的聯繫。也就是說，陳獨秀等人所開創的事業，並不是建基於一張「可畫最新最美圖畫」的白紙，而是在已經縱橫交錯的草圖上刪繁就簡、添光加彩。如果承認這一點，我們努力尋覓的，便不是一般意義上的編輯技巧，而是陳獨秀們如何修正前人的腳步，以便更有效地使用此一「傳播文明之利器」。

清末民初迅速崛起的報刊，已經大致形成商業報刊、機關刊物、同人雜誌三足鼎立的局面。不同的運作模式，既根基於相左的文化理念，也顯示不同的編輯風格。注重商業利益的《申報》《東方雜誌》等，一般來說眼觀六路，耳聽八方，立論力求「平正通達」；代表學會、團體或政黨立場的《新民叢報》《民報》等，橫空出世，旗幟鮮明，但容易陷於「黨同伐異」；至於晚清數量極多的同人雜誌，既追求趣味相投，又不願結黨營私，好處是目光遠大，胸襟開闊，但有一致命弱點，那便是缺乏穩定的財政支持，且作者圈子太小，稍有變故，當即「人亡政息」。

陳獨秀之創辦《新青年》，雖然背靠群益書社，有一定的財政支持[10]，但走的是同人雜誌的路子，主要以文化理想而非豐厚稿酬來聚集作者。前三卷的《投稿簡章》規定，稿酬每千字二至五元，這在約

9　周策縱：《五四運動：現代中國的思想革命》，周子平等譯，59頁。所謂百年，是從1815年於南洋麻六甲創辦的《察世俗每月統記傳》說起。

10　據汪原放稱，群益書社每月提供編輯費及稿費二百元。見汪原放：《回憶亞東圖書館》，32頁，上海，學林出版社，1983。

略同期的書刊中，屬於中等水平[11]；第四卷開始，方才取消所有稿酬，改由同人自撰。四卷三號的《新青年》上，赫然印著《本志編輯部啟事》：

> 本志自第四卷一號起，投稿章程，業已取消。所有撰譯，悉由編輯部同人，公同擔任，不另購稿。

這固然表明雜誌對於自家能力的極端自信，更凸顯同人做事謀義不謀利的情懷。

晚清以降，不乏具有如此高尚情懷的讀書人，只是同人之間，難得有持之以恆的精誠合作。《新青年》的成功，很大程度得益於大批第一流知識者的積極參與。在吸納人才方面，主編陳獨秀有其獨得之秘。前期的利用《甲寅》舊友，後期的依賴北大同事，都是顯而易見的高招。以至日後談論《新青年》，單是羅列作者名單，便足以讓人心頭一振。

《新青年》乃陳獨秀獨力創辦的雜誌，第二、三卷的封面甚至標明「陳獨秀先生主撰」；但《新青年》從來不是個人刊物，始終依賴眾多同道的支持。一九一五年九月十五日創辦的《青年雜誌》，草創之初，帶有明顯的《甲寅》印記，自家面目並不突出。經過短暫休刊，調整了編輯方針並改名為《新青年》，方才給人耳目一新的感覺。二卷一號的《新青年》上，有兩則通告，第一則是：

> 自第二卷起，欲益加策勵，勉副讀者諸君屬望，因更名為《新青年》。且得當代名流之助，如溫宗堯、吳敬恒、張繼、馬君

---

11 陳平原：《二十世紀中國小說史》，1卷，76-81頁，北京，北京大學出版社，1989。

　　　　武、胡適、蘇曼殊諸君，允許關於青年文字，皆由本志發表。
　　　　嗣後內容，當較前尤有精彩。此不獨本志之私幸，亦讀者諸君
　　　　文字之緣也。

聰明絕頂的陳獨秀，將因刊名雷同而不得不重起爐灶這一不利因素，
說成是因應讀者要求而改名，且由此引申出新舊青年如何具天壤之
別，不可同日而語[12]，刻意製造雜誌的「全新」面貌。此舉不但博得
當年讀者的極大好感，也讓後世的史家馬失前蹄。[13]
　　此「通告」開列的撰稿人名單，僅限於第二卷新加盟者，第一卷
就有出色表現的高一涵、易白沙、高語罕、劉叔雅、謝無量等不在此
列。預告即將出場的「當代名流」中，除張繼落空外，其他各位均不
曾食言。倒是當初沒有預告，但在第二卷中漸露崢嶸的李大釗、劉半
農、楊昌濟、陶履恭、吳虞等，給人意外的驚喜。稍稍排列，不難發
現，到第二卷結束時，日後名揚四海的《新青年》，其作者隊伍已基
本成型。
　　至於後人記憶中英才輩出的《新青年》作者群，尚未出場的，基
本上是北大教授。一九三六年上海亞東圖書館重印《新青年》前七
卷，其《重印〈新青年〉雜誌通啟》，開列了一大串值得誇耀的作者：

　　　　如胡適、周作人、吳稚暉、魯迅、錢玄同、陳獨秀、劉半農、

12　陳獨秀：《新青年》，載《新青年》，2卷1號，1916年9月。
13　蕭超然《北京大學與五四運動》，38頁，稱「陳獨秀應讀者的希望，更名為《新青
　　年》，添加一個『新』字，以與其鼓吹新思想、新文化的內容名實相符」，屬於想當
　　然的猜想。事情的緣起是，上海基督教青年會曾寫信給群益書社，指責《青年雜
　　誌》與他們創刊於1901年的《上海青年》（周刊）雷同，陳子壽商得陳獨秀同意，
　　從第二卷起改名《新青年》。參見汪原放：《回憶亞東圖書館》，32-33頁。

蘇曼殊、蔡元培、沈尹默、任鴻雋、唐俟、馬君武、陳大齊、
顧孟餘、陶孟和、馬寅初等。

這自然是按書店老闆的眼光來編排，有許多策略性考慮。以第二卷方
才加盟的胡適打頭，可見其時胡氏聲望之高；將創始人陳獨秀夾在中
間，則是因陳氏正服刑獄中，不好過分宣揚。至於「唐俟」乃周樹人
的另一筆名，不該與「魯迅」重複，尚屬小錯；曾輪流主編的六君子
中，竟然遺漏了李大釗和高一涵二位，實在不可饒恕。即便如此，一
個雜誌，能開列如此壯觀的作者隊伍，還是令後人歆羨不已。

更值得關注的是，這些日後真的成為「當代名流」的作者，是如
何在恰當的時機恰當的地點「粉墨登場」的。第一卷的作者，多與主
編陳獨秀有密切的個人交往；第二卷開始突破皖籍為主的局面，但仍
以原《甲寅》《中華新報》的編輯和作者為骨幹。[14]第三卷起，作者隊
伍迅速擴張，改為以北京大學教員為主體。此中關鍵，在陳獨秀應聘
出任北大文科學長，以及《新青年》編輯部從上海遷到北京。

作為同人雜誌，《新青年》之所以敢於公開聲明「不另購稿」，因
其背靠當時的最高學府「國立北京大學」。第三至七卷的《新青年》，
絕大部分稿件出自北大師生之手。至於編務，也不再由陳獨秀獨力承
擔。第六卷的《新青年》，甚至成立了由北大教授陳獨秀、錢玄同、
高一涵、胡適、李大釗、沈尹默六人組成的編委會，實行輪流主編。

比起晚清執思想界牛耳的《新民叢報》《民報》等，《新青年》的
特異之處，在於其以北京大學為依託，因而獲得豐厚的學術資源。創
刊號上刊載的《社告》稱：「本志之作，蓋欲與青年諸君商榷將來所
以修身治國之道」「本志於各國事情學術思潮盡心灌輸」「本志執筆諸

---

14 陳萬雄：《五四新文化的源流》，6、11-12頁。

君，皆一時名彥」，以上三點承諾，在其與北大文科攜手後，變得輕而易舉。晚清的新學之士，提及開通民智，總是首推報館與學校。二者同為「教育人才之道」、「傳播文明」之「利器」[15]，卻因體制及利益不同，無法珠聯璧合。蔡元培之禮聘陳獨秀與北大教授之參加《新青年》，乃現代史上具有里程碑性質的大事。正是這一校一刊的完美結合，使新文化運動得以迅速展開。

以北大教授為主體的《新青年》同人，是個有共同理想、但又傾向於自由表述的鬆散團體。談論報刊與大學的合作，有一點必須注意——《新青年》從來不是「北大校刊」。六卷二號的《新青年》上，有一則重要啟事：

> 近來外面的人往往把《新青年》和北京大學混為一談，因此發生種種無謂的謠言。現在我們特別聲明：《新青年》編輯和做文章的人雖然有幾個在大學做教員，但是這個雜誌完全是私人的組織，我們的議論完全歸我們自己負責。和北京大學毫不相干。此布。[16]

如此辯解，並非「此地無銀三百兩」。有針對保守派的猛烈攻擊，希望減輕校方壓力的策略性考慮；但更深層的原因，恐怕還在於堅持以「雜誌」為中心，不想依附其他任何勢力。

同是從事報刊事業，清末主要以學會、社團、政黨等為中心，基本將其作為宣傳工具來利用；民初情況有所改變，出版機構的民間

---

15 鄭觀應：《盛世危言‧學校上》，見《鄭觀應集》，上冊，247頁，上海，上海人民出版社，1982；梁啟超：《自由書‧傳播文明三利器》，見《飲冰室合集‧專集》，2冊，41頁，上海，中華書局，1936。
16 《〈新青年〉編輯部啟事》，載《新青年》，6卷2號，1919年2月。

化、新式學堂的蓬勃發展，再加上接納新文化的「讀者群」日漸壯大，使得像《新青年》這樣運作成功的報刊，除了社會影響巨大，本身還可以贏利。[17]因此，眾多潔身自好、獨立於政治集團之外的自由知識者，借報刊為媒介，集合同道，共同發言，形成某種「以雜誌為中心」的知識群體。[18]

到了這一步，「同人雜誌」已超越一般意義上的大眾傳媒，而兼及社會團體的動員與組織功能。世人心目中的「《新青年》同人」，已經不僅僅是某一雜誌的作者群，而是帶有明顯政治傾向的「文化團體」。從一九二一年初因雜誌是否遷回北京所引發的爭論中，《新青年》同人如何反對分裂，唯恐「破壞《新青年》精神之團結」[19]，可見此群體內部的凝聚力。

一旦成為「團體」或「準團體」，雜誌的個人色彩以及主編的控制能力，必然明顯下降。《新青年》前三卷各號的頭條，均為陳獨秀所撰；從第四卷開始，陳獨秀的文章不再天然地獨占鰲頭。之所以由「陳獨秀先生主撰」變成諸同人「共同編輯」，主要不是因文科學長太忙，而是作者群迅速擴大的結果。對於辦刊者來說，面臨兩難的局面：廣招天下豪傑，固然有利於壯大聲勢；可眾多「當代名流」集合於此，又不可避免會削弱主編的權威。據周作人日記，一九一九年十月五日，《新青年》同人在胡適家聚會，商討編輯事宜，結論是：「自七卷始，由仲甫一人編輯。」[20]儘管真正實行輪流主編的只有第六卷，但只要雜誌還在北京，陳獨秀必定受制於同人，無法像當初「主

---

17 《青年雜誌》初創時只發行一千份，改刊後印數上升，最多時月銷一萬五六千本，參見汪原放：《回憶亞東圖書館》，32頁。

18 參見李憲瑜：《〈新青年〉研究》，「緒論」第二節。

19 參見《關於〈新青年〉問題的幾封信》，見張靜盧輯：《中國現代出版史料》，甲編，7-16頁，北京，中華書局，1956。

20 周作人：《周作人日記》，中冊，52頁，鄭州，大象出版社，1996。

撰」時那樣特立獨行。之所以將《新青年》移回上海，有北京輿論環境惡化的原因，但也與陳獨秀在京時被同人感情捆住手腳，無法實施改革方案有關。

與北大文科的聯手，既是《新青年》獲得巨大成功的保證，也是其維持思想文化革新路向的前提。重歸上海後的《新青年》，脫離了北大同人的制約，成為提倡社會主義的政治刊物。一九二〇年九月一日出版的《新青年》八卷一號，被改組為中國共產黨上海發起組的機關刊物，與群益書社脫離關係，另組「新青年社」辦理編輯、印刷和發行事務。不久，陳獨秀南下廣州，將《新青年》委託給與北京諸同人「素不相識」的陳望道來主編，這更激怒了胡適等人。[21]

除了壓在紙背的個人意氣之爭，第八、九卷的編輯方針確實與此前大相逕庭，難怪北京諸同人要緊急商議。比如，八卷一至六號以及九卷三號連續編發的「俄羅斯研究」，集中介紹蘇俄的政治、經濟、社會教育、女性地位等，共收文三十五篇。胡適抱怨「今《新青年》差不多成了 Soviet Russia 的漢譯本」[22]，有「道不同不相與謀」的意味；可如此明顯的黨派意識，確實有違「同人雜誌」宗旨。[23]此前的

---

21 胡適是這樣陳述為何必須將《新青年》遷回北京：「《新青年》在北京編輯或可以多逼迫北京同人做點文章。否則獨秀在上海時尚不易催稿，何況此時在素不相識的人的手裡呢？」（《關於〈新青年〉問題的幾封信》，見張靜廬輯：《中國現代出版史料》，甲編，9頁）後一句明顯帶有怨氣，「素不相識」四字值得關注——可以體會到此次分裂中的「個人意氣」成分。因此前陳獨秀給李大釗、錢玄同、胡適等《新青年》同人的信中，通告他們：「望道先生已移住編輯部，以後來稿請寄編輯部陳望道先生收不誤。」（參見《胡適來往書信選》，上冊，116頁，北京，中華書局，1979）

22 參見《關於〈新青年〉問題的幾封信》，見張靜廬輯：《中國現代出版史料》，甲編，10頁。

23 當年在北大講授新聞學的徐寶璜，在其代表作《新聞學》（北京，北京大學出版部，1919）中，特別強調：「若僅代表一人或一黨之意思，則機關報耳，不足雲代表輿論也。新聞紙亦社會產品之一種，故亦受社會之支配。如願為機關報，而顯然

《新青年》，也曾提倡「馬克思學說」，或者鼓吹「勞工神聖」，可始終將其局限在思想文化層面。而且，作為整體的雜誌，各種主義相容並包。而今，「眾聲喧嘩」轉為「一枝獨秀」，獨立知識分子的思考，被堅定的政黨立場所取代，《新青年》因而面目全非。

作為一本曾在中國思想文化界獨領風騷的雜誌，《新青年》完全有權利適應時代需要，及時調轉方向，以便繼續保持其「新銳地位」。問題在於，《新青年》的這一轉向，逐漸失去「同人雜誌」的特色。第八、九兩卷的《新青年》中，雖繼續刊發胡適、魯迅、周作人、劉半農以及後起的陳衡哲、俞平伯等人作品，但屬於不太要緊的詩文及小說；唱主角的，已變成周佛海、陳公博、李季、李達等左派論述，以及有關蘇俄文件的譯介。即便如此，由於胡適等人作品的存在，第八、九卷的《新青年》，依然具有「統一戰線」的表面形式，可以算作此前事業的延續。至於一九二三至一九二六年間陸續刊行的季刊或不定期《新青年》，作為中共機關刊物，著力介紹列寧和斯大林著作，自有其價值；但已經與此前的「同人雜誌」切斷最後一絲聯繫，應另立門戶加以論述。[24]

假如以「同人雜誌」來衡量[25]，在正式出版的九卷共五十四期

發表與國民輿論相反的言論，則必不見重於社會，而失其本有之勢力。」徐雖被蔡元培聘為北大文科教授兼校長室秘書，與《新青年》同人並無密切合作，但這段話有助於了解胡適等人的立場。

24 馬列著作編譯局研究室編的《五四時期期刊介紹》第一集從另一角度立論，批評出版於中國共產黨成立後的第九卷《新青年》「也還沒有完全消除這個統一戰線性質的某些較微弱的痕跡」，一直要到改成季刊後，《新青年》方才「成了純粹以宣傳馬克思主義思想為目的的刊物」。見《五四時期期刊介紹》，1集，29頁。

25 陳萬雄稱《新青年》第一卷為「同仁雜誌時期」（見《五四新文化的源流》第一章第一節），李憲瑜將《新青年》第四卷至六卷命名為「北京大學的同人雜誌」（見《新青年研究》第三章），我則傾向於將第一卷至九卷的《新青年》全都作為「同人雜誌」來分析。

《新青年》中，依其基本面貌，約略可分為三個階段，分別以主編陳獨秀一九一七年春的北上與一九二〇年春的南下為界標。因編輯出版的相對滯後，體現在雜誌面貌上的變化，稍有延宕。大致而言，在上海編輯的最初兩卷，主要從事社會批評，已鋒芒畢露，聲名遠揚。最後兩卷著力宣傳社會主義，傾向於實際政治活動，與中國共產黨的創建頗有關聯。中間五卷在北京編輯，致力於思想改造與文學革命，更能代表北京大學諸同人的趣味與追求。

二 「仍以趨重哲學文學為是」

一九二〇年年初，陳獨秀欣喜於新文化運動的順利展開，但對時人之「富於模仿力」，競相創辦大同小異的雜誌不以為然，因而借談論新出版物的缺點，表述自家辦刊體會：

> 凡是一種雜誌，必須是一個人一團體有一種主張不得不發表，才有發行底必要；若是沒有一定的個人或團體負責任，東拉人做文章，西請人投稿，像這種「百衲」雜誌，實在是沒有辦的必要，不如拿這人力財力辦別的急著要辦的事。[26]

「雜誌」之不同於「著作」，其最大特色本在於「雜」——作者眾多、文體迥異、立場不求一致；為何陳獨秀看不起那些「東拉人做文章，西請人投稿」的辦刊方式？就因為在他看來，理想的雜誌必須具備兩大特徵：一是「有一種主張不得不發表」，一是「有一定的個人或團體負責任」。後者指向同人雜誌的形式，前者則凸顯同人雜誌的精神。

---

26 陳獨秀：《隨感錄七十五‧新出版物》，載《新青年》，7卷2號，1920年1月。

　　《新青年》之所以能吸引那麼多目光，關鍵在於其「有一種主張不得不發表」，故態度決絕，旗幟鮮明。那麼，到底什麼是《新青年》同人「不得不發表」的「主張」呢？這牽涉到《新青年》的另一特色：有大致的路向，而無具體的目標。可以這麼說，作為民初乃至整個二十世紀中國影響最大的思想文化雜誌，《新青年》的發展路徑不是預先設計好的，而是在運動中逐漸成型。因此，與其追問哪篇文章更多地隱含著其理論主張與生存密碼，不如考察幾個至關重要的關節點。

　　創刊號上的《社告》，除了表明雜誌的擬想讀者為「青年」，以及「本志於各國事情學術思潮盡心灌輸，可備攻錯」，其他幾點，屬於具體的編輯技巧。要說辦刊理想，陳獨秀撰寫的雜誌「頭條」《敬告青年》，倒有幾分相似。對於新時代「青年」應有的六點陳述：「自主的而非奴隸的」「進步的而非保守的」「進取的而非退隱的」「世界的而非鎖國的」「實利的而非虛文的」「科學的而非想像的」[27]，最有新意的，當屬首尾二者。首倡「人權平等之說」，希望藉此「脫離夫奴隸之羈絆」；尾稱「舉凡一事之興，一物之細，罔不訴之科學法則」。二者合起來，便是日後家喻戶曉的「德先生」與「賽先生」的雛形：

　　　　國人而欲脫蒙昧時代，羞為淺化之民也，則急起直追，當以科
　　　　學與人權並重。[28]

比起第二年為雜誌改名而作的《新青年》一文來，這篇《敬告青年》更值得注意。前者雖常被作為「準發刊詞」解讀，但其激情澎湃，聲

---

27 陳獨秀：《敬告青年》，載《青年雜誌》， 1卷1號，1915年9月。
28 同上。

調鏗鏘，屬於沒有多少實際內容的宣傳鼓動文字[29]；不若後者之體大思精，日後大有發展餘地。

　　一九一九年一月，新文化運動進行得如火如荼，為對抗社會上日益增加的譏罵與嘲諷，陳獨秀撰《本志罪案之答辯書》，坦然承認世人對於《新青年》「破壞禮教」等罪名的指責。接下來的辯解，正是刊物所「不得不發表」的「主張」：

> 但是追本溯源，本志同人本來無罪，只因為擁護那德莫克拉西
> （Democracy）和賽因斯（Science）兩位先生，才犯了這幾條
> 滔天的大罪。要擁護那德先生，便不得不反對禮教，禮法，貞
> 節，舊倫理，舊政治。要擁護那賽先生，便不得不反對舊藝
> 術，舊宗教。要擁護德先生又要擁護賽先生，便不得不反對國
> 粹和舊文學。大家平心細想，本志除擁護德賽兩先生之外，還
> 有別項罪案沒有呢？若是沒有，請你們不用專門非難本志，要
> 有力氣有膽量來反對德賽兩先生，才算是好漢，才算是根本的
> 辦法。[30]

認定只有德、賽二先生可以救治中國政治上、道德上、學術上、思想上一切的黑暗，陳獨秀代表雜誌同人宣誓：「若因為擁護這兩位先生，一切政府的壓迫，社會的攻擊笑罵，就是斷頭流血，都不推辭。」[31]

　　這兩段文字見解精闢、表述生動，常為史家所徵引。其實，除「德賽兩先生」之外，《新青年》同人再也找不到「共同的旗幟」。《新青年》上發表的文章，涉及眾多的思想流派與社會問題，根本無

---

29 參見陳獨秀：《新青年》，載《新青年》，2卷1號，1916年9月。
30 陳獨秀：《本志罪案之答辯書》，載《新青年》，6卷1號，1919年1月。
31 陳獨秀：《本志罪案之答辯書》，載《新青年》，6卷1號，1919年1月。

法一概而論。以《新青年》的「專號」而言,「易卜生」「人口問題」與「馬克思主義研究」,除了同是新思潮,很難找到什麼內在聯繫。作為思想文化雜誌,《新青年》視野開闊,興趣極為廣泛,討論的課題涉及孔子評議、歐戰風雲、女子貞操、羅素哲學、國語進化、科學方法、偶像破壞以及新詩技巧等。可以說,舉凡國人關注的新知識、新問題,《新青年》同人都試圖給予解答。因此,只有這表明政治態度而非具體學術主張的「民主」與「科學」,能夠集合起眾多壯懷激烈的新文化人。

《新青年》同人第一次公開表明「公同意見」,遲至一九一九年十二月。這篇刊於七卷一號上的《本志宣言》,顯然是各方意見折中的產物。開篇之莊嚴肅穆,令人不能不聳起脊梁、打起精神認真傾聽:

> 本志具體的主張,從來未曾完全發表。社員各人持論,也往往不能盡同。讀者諸君或不免懷疑,社會上頗因此發生誤會。現當第七卷開始,敢將全體社員的公同意見,明白宣布。就是後來加入的社員,也公同擔負此次宣言的責任。

如此「明白宣布」,而且要求後來者也得承擔「此次宣言的責任」,不大象是同人雜誌的作為,倒有點「歃血為盟」的意味。好在以下的具體論述,涉及的領域極為寬廣,包括政治、道德、科學、藝術、宗教、教育、文學的改革創新,以及破除迷信思想,維護女子權利等,盡可各取所需。

此宣言中,真正有意義的是以下兩點:一是表明雜誌同人破舊立新的強烈願望,再就是表明對於政黨政治的拒絕。前者乃新文化人的共同姿態,不難做到「宣言」所期待的「實驗我們的主張,森嚴我們的壁壘」。後者則是個極有爭議的話題──當初立說本就含混不清,

日後更是眾說紛紜。因其牽涉到對於《新青年》辦刊宗旨的確認，值得認真辨析：

> 我們主張的是民眾運動社會改造，和過去及現在各派政黨，絕對斷絕關係。我們雖不迷信政治萬能，但承認政治是一種重要的公共生活；……至於政黨，我們也承認他是運用政治應有的方法；但對於一切擁護少數人私利或一階級利益，眼中沒有全社會幸福的政黨，永遠不忍加入。[32]

有意思的是，借發表「全體社員的公同意見」，來彌合同人間本就存在的縫隙，不只沒有實際效果，反而使得矛盾進一步公開化。隨後不久發生的刊物轉向，使得此一「信誓旦旦」顯得有點滑稽。

對《新青年》的轉向政治運作，直接表示異議的，乃年少氣盛的胡適。一九二一年一月，胡適寫信給《新青年》諸編委，希望支持其「注重學術思想」的路向，並「聲明不談政治」；實在不行，則「另創一個專管學術文藝的雜誌」。仍在北京的胡適、魯迅、周作人、錢玄同等，與遠走上海、廣州，積極投身社會革命的陳獨秀，對《新青年》的期待明顯不同。就像周氏兄弟所說的，既然「不容易勉強調和統一」，也就只好「索性任他分裂」了。[33] 天下沒有不散的筵席，文化轉型期的分化與重組，更屬正常現象。《新青年》同人中本就存在著不同的聲音，既有基於政治理想的分歧（如對待蘇俄的態度），也因其文化策略的差異（如是否直接參政）。五四運動後社會思潮的激盪以及學界的日益激進，使得引領風騷的《新青年》很難再局限於大學校園。

---

32 《本志宣言》，載《新青年》，7卷1號，1919年12月。

33 參見《關於〈新青年〉問題的幾封信》，見張靜盧輯：《中國現代出版史料》，甲編。

在這場意味深長的論爭中，始作俑者的胡適[34]，其態度廣為人知。值得注意的，倒是其他幾位的立場。在胡適要求諸同人表態的信上，錢玄同留下這麼一段話：「我以為我們對於仲甫兄的友誼，今昔一樣，本未絲毫受傷。但《新青年》這個團體，本是自由組合的，即此其中有人彼此意見相左，也只有照『臨時退席』的辦法，斷不可提出解散的話。」[35]三天後，意猶未盡的錢玄同給胡適寫了一封私人信件，更清晰地表明暸自己的立場：

> 因為《新青年》的結合，完全是彼此思想投契的結合，不是辦公司的結合。所以思想不投契了，盡可宣告退席，不可要求別人不辦。換言之，即《新青年》若全體變為《蘇維埃俄羅斯》的漢譯本，甚至於說這是陳獨秀、陳望道、李漢俊、袁振英等幾個人的私產，我們也只可說陳獨秀等辦了一個「勞農化」的雜誌，叫做《新青年》，我們和他全不相干而已，斷斷不能要求他們停板。[36]

設想同人分手但不傷感情，這幾乎不可能，因涉及眾人好不容易打拼出來的《新青年》這一「金字招牌」。錢氏要求大家尊重創辦者陳獨秀的個人選擇，「私產」二字雖然下得很重，可也不無道理。無論胡適等人如何認定《新青年》已經成為「公共財產」，仍無法抹去創辦者強烈的個人印記。有意思的是，錢氏強調原先彼此的結合，乃基於

---

34 協調諸同人意見，並給陳獨秀回信的是胡適；建議將《新青年》遷回北京，並「聲明不談政治」的也是胡適。

35 參見《關於〈新青年〉問題的幾封信》，見張靜廬輯：《中國現代出版史料》，甲編，11頁。

36 錢玄同：《錢玄同致胡適》，見《胡適來往書信選》，上冊，122頁。

「思想投契」。此乃《新青年》當初之得以迅速崛起、以及今日之分道揚鑣的根本原因。想清楚了這一點，錢玄同認同周氏兄弟的主張：「與其彼此隱忍遷就的合作，還是分裂的好。」

以魯迅的思想深邃、目光如炬，當然明白胡適為保護《新青年》而提出的「聲明不談政治」是何等的天真──無論你如何韜光養晦，自有嗅覺靈敏的御用文人出來「戳穿偽裝」。既然如此，何必束縛住自己的手腳？「這固然小半在『不甘示人以弱』，其實則凡《新青年》同人所作的作品，無論如何宣言，官場總是頭痛，不會優容的。」如此帶有明顯魯迅個人風格的雜文筆調，接下來的，竟是抒情味十足的祈使句：

> 此後只要學術思想藝文的氣息濃厚起來──我所知道的幾個讀者，極希望《新青年》如此，──就好了。[37]

畢竟是國學大師章太炎的弟子，而且其時正撰寫一代名著《中國小說史略》，雖然話說得很委婉，魯迅顯然也不希望《新青年》轉變為一份純粹的政治讀物。日後，出於對某些「名人學者」喜歡借吹噓學術崇高來打擊青年學生的愛國熱情，魯迅經常故意對「學者」和「學問」表示不屑與不恭。但上引這段話，起碼讓我們明白，對於「學術思想藝文」，魯迅骨子裡還是很尊崇敬重的。[38]

在給胡適的信中，陳獨秀稱：「《新青年》色彩過於鮮明，弟近亦不以為然」，而且表示同意「以後仍以趨重哲學文學為是」，[39]但拒絕

---

37 魯迅：《致胡適》，見《魯迅全集》，11卷，371頁。

38 參見陳平原：《作為文學史家的魯迅》，見《文學史的形成與建構》，14-55頁，南寧，廣西教育出版社，1999。

39 參見《關於〈新青年〉問題的幾封信》，見張靜廬輯：《中國現代出版史料》，甲編，7頁。

將《新青年》遷回北京。對於雜誌該不該介入實際政治，陳獨秀的態度有過搖擺。早年的「批評時政，非其旨也」，以及「從事國民運動，勿囿於黨派運動」，[40]並非只是策略考慮；不管是孔教問題的論爭，還是文學革命的提倡，在這些「趨重哲學文學」的話題上，陳獨秀都更能發揮其「老革命黨」的長處。關心國家命運，但從改革思想文化的角度切入——這種「大政治」的眼光，本是《新青年》同人的共識。不見得都像胡適那樣，「打定二十年不談政治的決心」，陳獨秀、李大釗、高一涵等明顯比胡適更關心現實政治；但「要想在思想文藝上替中國政治建築一個革新的基礎」，[41]確實形成了前七卷《新青年》的主導方向。

陳獨秀身上強烈的「老革命黨」氣質，與胡適借思想文化解決問題的思路，著眼點明顯有異，這就埋下了日後分裂的種子。同樣都想拯世濟民，問題在於，從何處入手更可行、更有效。在已經投身實際政治運動的陳獨秀看來，依舊固守校園的書生，其見解即便不是完全錯誤，也都顯得有點迂腐。陳獨秀之所以拒絕將《新青年》移回北京，「老實說是因為近來大學空氣不太好」。[42]話說到這份兒上，再無迴旋的餘地。政治家對於刊物的使命，另有一番詮釋；再說，一旦成為「機關報」，必須服從集團利益，與當初的書生議政大不一樣。這樣的抉擇，甚至不再是陳獨秀個人所能一力主宰的了。

只要還在北京，北大教授們相互制約，《新青年》必然以學理探

---

40 參見王庸工、記者（陳獨秀）：《通信》，載《青年雜誌》，1卷1號，1915年9月；陳獨秀：《一九一六年》，載《青年雜誌》，1卷5號，1916年1月。

41 參見胡適：《我的歧路》，載《努力周報》，7期，1922年6月；《紀念「五四」》，載《獨立評論》，149號，1935年5月；《胡適口述自傳》，第九章，北京，華文出版社，1992。

42 參見《關於〈新青年〉問題的幾封信》，見張靜廬輯：《中國現代出版史料》，甲編，13頁。

討為主；一旦轉移到上海，情勢大變，不可能回到「趨重哲學文學」
的老路。爭論刊物辦在北京還是上海，對於《新青年》來說，關係十
分重大。以學院為根基，還是以社會為背景，二者幾乎決定了其辦刊
方針與論述策略。正是在這個意義上，我傾向於將陳獨秀的北上、南
下作為《新青年》發展三階段的標誌。

一九一八年年底《每周評論》的創刊，已開北大學人議政的先
河；《新青年》第八、九卷的轉向，其實並不十分突然。只是因五四
運動爆發，形勢急轉直下，知識者直接參政的熱情迅速膨脹。而陳獨
秀作為中國共產黨的創始人，對於《新青年》之由思想評論轉為政治
宣傳，起決定性作用。雖然有了日後的分裂，綜觀第一至九卷的《新
青年》，其基本立場仍屬於「有明顯政治情懷的思想文化建設」。這一
點，既體現在「民主」與「科學」這樣響徹雲霄的口號，也落實在
「新文化」與「文學革命」的實績。也就是說，在我看來，《新青
年》的意義，首先在思想史，而後才是文學史、政治史等。換句話
說，《新青年》的主導傾向，是在思想史的視野中，從事文學革命與
政治參與。

三　以「運動」的方式推進文學事業

以思想文化革新為主旨的《新青年》，從一開始就著意經營文學
作品。第一卷只有屠格涅夫小說《春潮》《初戀》以及王爾德「愛情
喜劇」《意中人》的中譯本，另加若干謝?量的舊體詩，實在是乏善可
陳。第二卷雖有蘇曼殊的小說、劉半農的筆記加盟，也都沒有根本性
變化。第三卷起，《新青年》在文學創作方面的成績，方才令人刮目
相看。胡適、沈尹默、劉半農、周作人、俞平伯、康白情等競相「嘗
試」新詩，陳衡哲、胡適、陳綿等「練習」話劇寫作，最令人興奮

的，當屬魯迅的出場——其刊於《新青年》上的短篇小說《狂人日記》《孔乙己》《藥》《風波》《故鄉》等，至今仍是中國現代短篇小說的經典之作。與其他新文學家有開創之功、但藝術技巧幼稚不同，作為小說家的魯迅，一出手便博得滿堂彩。至於將正襟危坐的「政論」，改造成寸鐵殺人的「隨感」，開啟了現代中國的「雜文時代」，更是《新青年》的一大功績。但有一點不該忘記，《新青年》上刊發的文學作品，是在「文學革命」大旗下展開的——即便特立獨行的魯迅，其小說創作也有「聽將令」的成分。[43]

陳獨秀本人並不擅長詩文小說，可作為主編，卻對編發文學作品葆有濃厚的興趣。從創刊號起，《新青年》每期都有著譯的小說、詩歌、戲劇等；頭兩卷顯得捉襟見肘，但還是堅持下來了。中間五卷有北大師生撐腰，其有關「新文學」的提倡與實踐，蔚為奇觀。第八、九兩卷雖側重蘇俄文化宣傳，也沒有停止刊發新文化人的小說、詩歌。如此重視文學，包含《新青年》同人的苦心孤詣，但也與晚清開創的報刊體例大有關係。

一八七二年創辦的《申報》上，已在新聞與論說之外，為「騷人韻士」的竹枝詞、長歌短賦等預留了天地。[44]此後，只要你辦報辦刊，無論是綜合類，還是以時事、學術、科學為中心，一般都會騰出一定篇幅，用來刊發文學作品。之所以大家都勉為其難地非要「文學」不可，基於以下幾點考慮：第一，吸引讀者；第二，作為改良群治的工具；第三，傳播新知（即介紹西洋）的文學藝術；第四，如果可能的話，促成文學革命。四者兼及，最成功的例子，莫過於梁啟超的提倡詩界革命、文界革命和小說界革命。其他報刊，限於自身能力

---

43 魯迅：《〈吶喊〉自序》，見《魯迅全集》，1卷，419頁。
44 參見《申報館條例》，載《申報》，1872-04-30。

或機遇，只好在某一層面上做文章。

　　陳獨秀撰於一九〇四年的《論戲曲》，基本上沿襲梁啟超的思
路，不外國事危急，須著力開通民智；辦學堂嫌學生太少，開報館又
碰上國人識字不多，唯有戲曲改良，乃「開通風氣第一方便的法
門」。此文有新意處，在於開列改良戲曲的五種途徑：「要多多的新排
有益風化的戲」「可以採用西法，戲中夾些演說，大可長人見識」「不
唱神仙鬼怪的戲」「不可唱淫戲」「除去富貴功名的俗套」。[45]十年後重
做馮婦，已經走出「改良戲曲」的陳獨秀，主張徑直以歐洲文學為榜
樣，重塑中國文學形象。《現代歐洲文藝史譚》先是開列「歐洲文藝
思想之變遷」，如何從「古典主義」到「理想主義」到「寫實主義」，
再到「自然主義」，隱含著以最新潮流「自然主義」改造中國文學的
思路。接下來關於文體等級的排列，隱約還能見到十年前注重「開通
風氣」的影子：

> 現在歐洲文壇第一推重者，厥唯劇本。詩與小說，退居第二
> 流。以其實現於劇場，感觸人生愈切也。至若散文，素不居文
> 學重要地位。[46]

從強調文學的教化作用，到突出歐洲文學榜樣，這一變化，很能體現
清末民初兩代人思考方式的差異。梁啟超等人也引泰西成例，但立足
點在於傳統的教化說；陳獨秀等也會談論文學如何有益於國計民生，
但更強調對於歐洲文藝的學習與借鑒。

---

45 三愛（陳獨秀）：《論戲曲》，見《陳獨秀文章選編》，上冊，57-60頁，北京，生活·
　　讀書·新知三聯書店，1984。此文初刊《安徽俗話報》第11期，後以文言改寫，刊
　　《新小說》第2期。
46 陳獨秀：《現代歐洲文藝史譚》，載《青年雜誌》，1卷3號，1915年11月。

　　接過胡適溫和的「改良芻議」，陳獨秀以其一貫的決絕口吻，將其上升到你死我活的「革命論」。其攻擊傳統中國的貴族文學、古典文學、山林文學的基本立場，在於「今日莊嚴燦爛之歐洲」。以下這段激情洋溢的論述，將時人推崇的明之前後七子以及追摹唐宋八大家的歸、方、劉、姚稱為「十八妖魔」，並將其置於由歐洲文學經典鍛造的「四十二生的大炮」的猛烈轟擊下：

> 予愛盧梭、巴士特之法蘭西，予尤愛虞哥、左喇之法蘭西；予愛康德、赫克爾之德意志，予尤愛桂特、郝卜特曼之德意志；予愛倍根、達爾文之英吉利，予尤愛狄鏗士、王爾德之英吉利。吾國文學界豪傑之士，有自負為中國之虞哥、左喇、桂特、郝卜特曼、狄鏗士、王爾德者乎？有不顧迂儒之毀譽，明目張膽以與十八妖魔宣戰者乎？予願拖四十二生的大炮，為之前驅。[47]

如此以「氣勢」而非「論理」取勝，確實如胡適所說，很能體現陳獨秀的「老革命黨」氣質。比起胡適對症下藥的「八不主義」來，陳獨秀的「三大主義」更像是關於「文學革命」的口號。[48]陳氏甚至拒絕胡適「甚願國中人士能平心靜氣與吾輩同力研究此問題」的「學究氣」，斬釘截鐵地表示：「必不容反對者有討論之餘地，必以吾輩所主張者為絕對之是，而不容他人之匡正也。」理由是：「改良中國文學當以白話為正宗之說，其是非甚明。」[49]對於如此「武斷的態度」，受

---

47 陳獨秀：《文學革命論》，載《新青年》，2卷6號，1917年2月。

48 參見胡適：《文學改良芻議》，載《新青年》，2卷5號，1917年1月；陳獨秀：《文學革命論》，載《新青年》，2卷6號，1917年2月。

49 胡適、獨秀：《通信》，載《新青年》，3卷3號，1917年5月。

過系統哲學訓練的胡適不大以為然，但也不得不承認，正是「得著了
這樣一個堅強的革命家做宣傳者，做推行者」，新文學方才可能摧枯
拉朽般迅速推進。[50]

　　可也正是這種過於注重提倡、講究策略、追求效果，而相對忽略
細緻入微的學理探究，日後成為《新青年》進一步發展時很難跨越的
障礙。比如，關於文學的審美特徵及其如何體現「國民精神」，《新青
年》的眾多討論，甚至不及晚清的黃人、王國維、周作人；[51]同樣主
張「別求新聲於異邦」，陳獨秀刊於一九一五年的《現代歐洲文藝史
譚》，就其對於域外文學的理解深度與闡釋能力而言，無法與魯迅撰
於一九〇七年的《摩羅詩力說》相比擬；[52]至於胡適的名文《論短篇
小說》[53]，放在晚清以降小說革新大潮中審視[54]，也不見得格外出

---

50 參見胡適：《逼上梁山》，見胡適編選：《中國新文學大系・建設理論集》，27頁，上
　　海，良友圖書印刷公司，1935。

51 參見王國維：《文學小言》，載《教育世界》，139號，1906年12月；摩西（黃人）：
　　《〈小說林〉發刊詞》，載《小說林》，1期，1907年2月；獨應（周作人）：《論文章
　　之意義暨其使命因及中國近時論文之失》，載《河南》，4、5期，1908年5、6月；等。

52 《摩羅詩力說》初刊1908年2、3月《河南》2、3期，署名令飛。據北岡正子《〈摩
　　羅詩力說〉材源考》（何乃英譯，北京，北京師範大學出版社，1983），魯迅撰述此
　　文時多有借鑒；但此乃晚清介紹西學時的通例，不必苛求。值得注意的是，此文主
　　旨十分明確，表彰「立意在反抗，指歸在動作」的摩羅詩人，呼喚「精神界之戰
　　士」。而這兩點，日後貫穿整個「魯迅文學」。

53 胡適：《論短篇小說》，載《新青年》，4卷5號，1918年5月。

54 關於晚清小說及小說觀念的轉變，近年著述頗多，可主要參見陳平原《中國小說敘
　　事模式的轉變》（上海，上海人民出版社，1988）和《二十世紀中國小說史》第一
　　卷（北京，北京大學出版社，1989）、袁進《中國小說的近代變革》（北京，中國社
　　會科學出版社，1992）、康來新《晚清小說理論研究》（臺北，大安出版社，
　　1986）、賴芳伶《清末小說與社會政治變遷》（臺北，大安出版社，1994）、黃錦珠
　　《晚清時期小說觀念之轉變》（臺北，文史哲出版社，1995）、〔日〕樽本照雄《清
　　末小說論集》（京都，法律文化社，1992），以及Milena Dolezelova Velingerova
　　(editor), The Chinese Novel at the Turn of the Century (University of Toronto Press, 1980),
　　David Der wei Wang, Fin-de-Siècle Splendor: Repressed Modernities of Late Qing Fiction,
　　1849-1911 (Stanford University Press, 1997)。

色。真正體現《新青年》同人文學趣味和理論貢獻的，是其將文學革新推進到語言層面。

所謂「白話文學之為中國文學之正宗，又為將來文學必用之利器，可斷言也」[55]，此語確實成了引爆「文學革命」的「導火索」。不過，胡適在追憶這段光榮史時，只顧自家的冥思苦想，而忘記陳獨秀的誘導之功。《文學改良芻議》刊於《新青年》二卷五號，而二卷二號上胡、陳之間的通信，已經透露玄機。胡適信中簡要提及其擬想中「須從八事入手」的文學革命，這八事依次為不用典、不用陳套語、不講對仗、不避俗字俗語、須講求文法之結構、不作無病之呻吟、不摹倣古人語、須言之有物。陳獨秀除對第五、第八兩項略有疑義，「其餘六事，僕無不合十讚歎，以為今日中國文界之雷音」。接下來的催稿，體現了陳獨秀作為編輯家的敏銳與魄力：

> 倘能詳其理由，指陳得失，衍為一文，以告當世，其業尤盛。[56]

胡適固然不負厚望，很快寄來調整充實後的《文學改良芻議》。八事次序重新排列，尤其是將「不避俗字俗語」放在文章最後著重論述[57]，並最終逼出「白話文學，將為中國文學之正宗」的結論，令陳獨秀欣喜不已。[58]作為雜誌主編，陳獨秀時刻警覺著，尋覓大有潛力的新作者與任何可能的突破口——這既是思想境界，也是出版壓力。一旦找到，便不失時機地大力鼓譟，迅速推進。從一則讀者來信中發現新

---

55 胡適：《文學改良芻議》，載《新青年》，2卷5號，1917年1月。

56 胡適、獨秀：《通信》，載《新青年》，2卷2號，1916年10月。

57 在《逼上梁山》一文中，胡適敘述其如何改動八事的次第，將「不避俗字俗語」放在最後，目的是「很鄭重的提出我的白話文學的主張」，參見胡適編選：《中國新文學大系・建設理論集》，25頁。

58 參見胡適《文學改良芻議》及陳獨秀的識語，載《新青年》，2卷5號，1917年1月。

說，當機立斷，付諸行動，這需要輿論家的敏感與革命家的氣魄——對於陳獨秀來說，後人更多關注其革命家的氣質，相對忽略了其編輯眼光及技巧。

《新青年》的編者其實非常注意「尋覓」乃至「製造」新的話題，但那麼多次嘗試，最成功的，還屬白話文的討論——既有理論意義，又有可操作性，將理想與現實如此巧妙地縫合在一起，真是千載難逢的機遇。白話文問題，遠不只是「文學形式」或「表達工具」，而是牽涉到整個思想觀念與文化傳統的是非，這才可能吸引那麼多論者參與辯難。比起「以平易語言表達深刻學理」這樣的老生常談，胡適們弄出個文（言）白（話）、死（文學）活（文學）二元對立模式，既簡單明瞭，又切實可行。如果說五四時期的新舊思想／文學之爭有什麼不可逾越的鴻溝，那無疑是支持或反對白話文：

> 我總要上下四方尋求，得到一種最黑，最黑，最黑的咒文，先來詛咒一切反對白話，妨害白話者。即使人死了真有靈魂，因這最惡的心，應該墮入地獄，也將絕不改悔，總要先來詛咒一切反對白話，妨害白話者。[59]

魯迅的這段自白，表達的正是新文化人「態度的同一性」[60]，或曰「《新青年》精神之團結」。大敵當前，來不及深思熟慮，首先是表明立場，至於各自的理論分歧，只好暫時擱置一邊，等塵埃落定、白話文運動取得勝利後，再仔細分辨，或做必要的自我調整。

---

59 魯迅：《〈二十四孝圖〉》，見《魯迅全集》，2卷，251頁。
60 汪暉在《預言與危機——中國現代歷史中的「五四」啟蒙運動》（載《文學評論》，1989（3、4））一文中，對五四啟蒙運動的「態度的同一性」有精彩的論述，可參閱。

　　這一「集團作戰」的思路，對於思想／文學運動的推行十分有效。有晚清白話文運動做鋪墊，胡適們登高一呼，竟然應者雲集，「文學革命」出奇地順利。如果說《建設的文學革命論》標誌著文學革命和國語運動的合流[61]，一九一九年教育部附屬「國語統一籌備會」的成立，則預示著官方、民間改革力量的攜手。此後，《新青年》同人劉復、胡適、周作人、錢玄同等在「統一會」開會時提出《國語統一進行方法》議案，以及教育部訓令自一九二〇年秋季起「凡國民學校一二年級先改國文為語體文，以期收言文一致之效」[62]，便都是順理成章的了。這是一個有開頭、有結尾、中間部分時而波瀾起伏、時而峰迴路轉的曲折有趣的故事。正因為是「群眾運動」而非「個人著述」，可以吸引無數英雄豪傑，因而也就有賴於所謂的「策劃」、「組織」與「協調」。這對於「以雜誌為中心」的同人來說，是再恰當不過的好題目。

　　比起揮灑個人才華的「文學創作」，或者需要天時地利人和的「制度變更」，以白話文為突破口的「文學革命」，因其兼及語言、文學、思想、文化等諸多領域，可以召喚諸多學者參與，更適合於雜誌的實際操作。這就難怪後人提及《新青年》，最容易被記憶的，還是此功勳卓著的「文學革命」。所謂《新青年》「初提倡文學革命，後則轉入共產」[63]，戈公振的評述無疑是片面的，但這恐怕不是由於資料殘缺，而是代表時人的共識。只是隨著學界對於五四新文化運動理解的日漸深入，《新青年》發起孔教問題、婦女問題、勞工問題等的討

---

61 參見王楓：《新文學的建立與現代書面語的產生》，第四章「『國語運動』與『文學革命』」，北京大學博士論文，2000，未刊。
62 參見《教育雜誌》，12卷2號，1920年2月；黎錦熙：《國語運動史綱》，卷二，上海，商務印書館，1935。
63 戈公振：《中國報學史》，192頁，北京，生活・讀書・新知三聯書店，1955。

論，其意義方才被逐漸發掘出來。

這裡並不否認胡適提倡白話文的功績，只是想指出，作為雜誌主編，陳獨秀是如何高瞻遠矚，善於尋找「最佳話題」，並加以大力扶植。除了撰寫《文學革命論》與之呼應，陳獨秀還用通信、論文、讀者論壇等形式，不斷激發公眾參與討論的熱情。隨著錢玄同、劉半農、傅斯年等學者的加盟，討論日趨深入。但《新青年》同人還是略感寂寞，於是上演了影響極為深遠的「雙簧戲」。先是錢玄同化名王敬軒，集合眾多反對言論，撰成一挑釁之文，再由劉半農逐一批駁。[64] 此舉本身帶有遊戲意味，落筆時只求痛快，不問輕重，雖吸引了不少公眾注意力，但其語調之刻薄，也容易引起反感，在不明就裡的外人看來，自是有違「費厄潑賴」。可換一個角度，不從文章是否刻薄、而從運動能否推進來思考，這「雙簧戲」未嘗不可上演。相對於風雲激蕩的大時代，個人的道德品質與文章趣味是可以犧牲的——正是這種「集團意識」，支撐著《新青年》同人奮力進取。

同人間相互支持，並肩作戰，撰文時你徵我引，開口處我讚你歎，有效地「禦敵於國門之外」。即便在局外人看來，新文化人的口氣未免過於霸道；但在守舊勢力依舊十分強大的二十世紀一〇年代，力主革新的弱勢群體，不得不更多地「意氣用事」。正是這王道、霸道並用，莊言、寓言雜出，招來林紓、梅光迪等論敵，使得整個討論上升到思想史的層面。

切入口是文學形式，著眼點則是整個思想文化革命。將學者的書齋著述，轉化為大眾的公共話題，藉以引起全社會的廣泛關注，並進而推動討論的深入展開。這種「從問題入手」的編輯方針，有效地聚集了人才與文化資源，將文學論爭轉化為思想革命。更重要的是，從

---

64 參見王敬軒、半農：《文學革命之反響》，載《新青年》，4卷3號，1918年3月。

第二卷開始發動的關於孔教問題和文學革命的兩大論爭，至此獲得了
某種內在聯繫。錢玄同由此推出的極端主張——「欲廢孔學，不可不
先廢漢文」[65]，不被《新青年》同人認可；倒是劉半農之比較「改良
文學」與「破壞孔教」兩大話題，頗為耐人尋味：

> 改良文學，是永久的學問。破壞孔教，是一時的事業。因文學
> 隨時世以進步，不能說今日已經改良，明日即不必改良。孔教
> 之能破壞與否，卻以憲法制定之日為終點。其成也固幸，其不
> 成亦屬無可奈何。故《青年雜誌》對於文學改良問題，較破壞
> 孔教更當認真一層。尤貴以毅力堅持之，不可今朝說了一番，
> 明朝即視同隔年曆本，置之不問。

劉氏乃文學家，「思想」與「政治」非其所長，如此立說，無可非
議。再說，此信著重討論「改良文學之事」，提了好多具體建議，故
陳獨秀並不計較其對於孔教討論之蔑視，反而稱「所示各條，均應力
謀實行」[66]。當然，「文學革命」有破有立，留下很多可供後人品鑒的
「實績」，如白話文真的成了「文學必用之利器」，胡適、魯迅等人關
於新詩、話劇、小說的「嘗試」奠定了現代中國文學的根基等。正因
這一點，史家對於「文學革命」的評價，很快取得基本共識；至於
《新青年》同人之反孔以及對傳統綱常倫理的激烈批判，其功過得
失，一直到今天仍有不少爭議。

　　「孔教批判」與「文學革命」，二者表面上各自獨立，但在深層
次上，卻不無互相溝通的可能——都根源於對「傳統中國」的想像。

---

65 錢玄同：《中國今後之文字問題》，載《新青年》，4卷4號，1918年4月。
66 劉半農、獨秀：《通信》，載《新青年》，3卷3號，1917年5月。

這一點，不妨以戲曲討論為例。《新青年》同人的文學理想，在當年確係振聾發聵。談小說，辯詩文，胡適等全都得心應手。唯獨到了評價傳統戲曲，方才遭遇新文化人的「滑鐵盧」。

四卷六號的《新青年》上，有一組關於舊戲的討論，面對張厚載咄咄逼人的挑戰，胡適、錢玄同、劉半農、陳獨秀等人的答辯，顯得蒼白無力。所謂臉譜化的表演、「極喧鬧的鑼鼓」「助長淫殺心理於稠人廣眾之中」[67]，均不足以置舊戲於死地。一個月後，快人快語的錢玄同，重新披掛上陣。先是引錄朋友的話，「要中國有真戲，非把中國現在的戲館全數關閉不可」。至於理由嘛，其實很簡單：

> 如其要中國有真戲，這真戲自然是西洋派的戲，絕不是那「臉譜」派的戲。要不把那扮不像人的人，說不像話的話全數掃除，盡情推翻，真戲怎樣能推行呢？[68]

以「注重寫實」的西洋話劇——很奇怪，西洋歌劇從不在五四新文化人視野之內——為評價標準，充滿虛擬性的中國戲曲，自是一無可取。

問題在於，宣判中國戲曲死刑的新文化人，不覺得有深入理解其表演程序的必要。那位聲稱「就技術而論，中國舊戲，實在毫無美學的價值」；「再就文學而論，現在流行的舊戲，頗難當得起文學兩字」的傅斯年，在《戲劇改良各面觀》裡開宗明義：

> 第一，我對於社會上所謂舊戲，新戲，都是門外漢；
> 第二，我對於中國固有的音樂和歌曲，都是門外漢。

---

67 參見張厚載、胡適、錢玄同、劉半農、獨秀：《新文學及中國舊戲》，載《新青年》，4卷6號，1918年6月。

68 錢玄同：《隨感錄十八》，載《新青年》，5卷1號，1918年7月。

這可不是故作謙虛的套話，而是強調門內人陷溺深了，不能容納改良與創造，「我這門外漢，卻是不曾陷溺的人」，方才有資格談論中國戲曲的命運。為何不懂戲的人更有資格談戲，這種無端的驕傲，來自改革現實社會的激情：「使得中國人有貫徹的覺悟，總要藉重戲劇的力量；所以舊戲不能不推翻，新戲不能不創造。」[69]可這麼一來，不是又回到梁啟超「欲新一國之民，不可不先新一國之小說」的老路上去了嗎？[70]

胡適從文學進化觀念有四層意義入手，論證中國舊戲確實沒有任何保留價值，似乎顯得很有學理性。可所謂缺乏「悲劇的觀念」，不講究「文學的經濟方法」，對於舊戲的這兩點指責，其實很難站得住腳。歸根結底，問題的癥結還在於對待西學的態度：

> 現在的中國文學已到了暮氣攻心，奄奄斷氣的時候！趕緊灌下西方的「少年血性湯」，還恐怕已經太遲了；不料這位病人家中的不肖子孫還要禁止醫生，不許他下藥，說道：「中國人何必吃外國藥！」……哼！[71]

同樣自稱「門外漢」的周作人，其斷言中國舊戲該廢的理由，一是「從世界戲曲發達上看來，不能不說中國戲的野蠻」；二是中國舊戲「有害於『世道人心』」。而真正透出底牌的，是以下的這兩句：

> 至於建設一面，也只有興行歐洲式的新戲一法。……倘若亞洲

---

69 傅斯年：《戲劇改良各面觀》，載《新青年》，5卷4號，1918年10月。

70 梁啟超：《論小說與群治之關係》，載《新小說》，1號，1902年11月。

71 胡適：《文學進化觀念與戲劇改良》，載《新青年》，5卷4號，1918年10月。

> 有了比歐洲更進化的戲，自然不必去捨近求遠；只可惜沒有這
> 樣如意的事。

中間省略部分，不外將是否接納「歐洲式的新戲」，轉化成了自家擅
長的「歐化」與「國粹」之爭，難怪錢玄同拍案叫絕，稱此乃「至精
至確之論」。[72]「五四」新文化人關於舊戲的論述，其實目標十分明
確，即以西洋話劇取代中國戲曲；至於理由，首先來自思想史，而後
才是文學史。

對傳統戲曲充滿偏見的嘲諷，基於《新青年》同人的思想立
場——擁抱西學，改造中國。不懂，也不感興趣，可照樣大膽發言，
而且理直氣壯，因其著眼的是戲曲改革的思想史意義。這場很不成功
的討論，顯示新文化人的盲點：極端自信，注重集團形象，基於思想
史立場，對西洋榜樣及尺度缺乏必要的反省。

王曉明在其才氣橫溢的論文《一份雜誌和一個「社團」》中，批
評胡適等提倡文學革命的文章「讀上去就彷彿一份施工報告」，作家
們「沒有充分意識到文學自身的獨特性」，「先有理論的宣導，後有創
作的實踐」等。就現象描述而言，這些指責都很容易落實。但作者太
急於「撥亂反正」，對研究對象缺乏必要的理解與同情，將二十世紀
中國文學的眾多負面因素（如輕視文學自身特點、主張文學應有主流
和中心、文學進程可以設計等），一股腦兒算到《新青年》頭上，[73]將
一份「完全是彼此思想投契的結合」的「同人雜誌」，解讀為執政黨
的「文藝政策」，似乎頗有偏差。

其實，《新青年》同人思維方式的最大特點，不在於「功利主義」

---

72 周作人、錢玄同：《論中國舊戲之應廢》，載《新青年》，5卷5號，1918年11月。

73 參見王曉明：《一份雜誌和一個「社團」》，見《刺叢裡的求索》，上海，上海遠東出
版社，1995。

「絕對主義」或「以救世主自居」，而是力圖將文學革命與思想革命統一起來，用發起運動的方式來促進文學革新。無論是雜誌編排，還是話題設計，陳獨秀等人都是希望兼及思想與文學。至於周作人的兩則名文《人的文學》和《思想革命》[74]，更是將新文化人的這一意圖表述得淋漓盡致。「五四文學革命」並非自然而然的歷史進程，很大程度依賴於外力的推動；思想史意義的召喚，使得不少本不以文學見長的學者，也都投身「白話詩」的嘗試。意識到的歷史責任與個人審美趣味之間的矛盾，此乃改革者常常面臨的兩難境地。對於那些基於「中間物意識」，自覺扛住黑暗的閘門，放後人到光明的地方去的先行者，我更傾向於採取理解與同情的態度。

至於這一選擇，是否一定嚴重傷害其文學成就，這要看當事人對此尷尬的境地有無清醒的認識。魯迅曾提及其應錢玄同的邀請，為《新青年》撰寫文章，「有時候仍不免吶喊幾聲，聊以慰藉那在寂寞裡奔馳的猛士，使他不憚於前驅」。接下來的這段話，常被論者提及：

> 既然是吶喊，則當然須聽將令的了，所以我往往不恤用了曲筆，在《藥》的瑜兒的墳上平空添上一個花環，在《明天》裡也不敍單四嫂子竟沒有做到看見兒子的夢，因為那時的主將是不主張消極的。[75]

一看到「聽將令」三字，馬上斷言其缺乏「文學價值」，我以為是不公允的。魯迅到底是「聽」哪個「將」的「令」，陳獨秀？胡適？資

74　周作人：《人的文學》，載《新青年》，5卷6號，1918年12月；《思想革命》初刊《每周評論》11號（1919年3月），署名仲密，1919年4月出版的6卷4號《新青年》予以轉載。

75　魯迅：《〈吶喊〉自序》，見《魯迅全集》，1卷，419頁。

產階級？馬克思主義？我看都不像。感受到某種彌漫在空氣中的時代精神，願意與「完全是彼此思想投契的結合」的《新青年》同人共命運，在小說創作中略做呼應。我以為，這樣的選擇，實在無可非議。與時代潮流保持一種「必要的張力」，不即不離，在追隨中反省──此乃魯迅小說獲得成功的一大訣竅。

不曾「為藝術而藝術」，以「運動」的方式推進文學事業，以至常有胡適「提倡有心，創造無力」那樣的感歎，這確實是《新青年》所宣導的「文學革命」的基本特色。作為具體作家，過分清醒的思想史定位，很可能導致「主題先行」；但作為同人雜誌，策劃這麼一場精彩的文學運動，實際上不可能不「理論優先」。這也是我們談論《新青年》上的作品（魯迅小說除外）時，更關注其「文學史意義」而不是「文學價值」的緣故。

四 文體對話與思想草稿

報刊業的迅速崛起，乃近代中國文學革命的關鍵因素。所謂「文集之文」與「報館之文」的區別，以及「俗語之文學」的逐漸被認可，均與其時方興未艾的報刊事業密不可分。[76]報刊面對大眾，講求淺近通俗，因而文章沒必要、也不可能過於淵雅。正是這一技術手段和擬想讀者的變化，直接導致了晚清文壇風氣的轉移。這一點，學界已經普遍關注。問題的另一面，則還沒有引起足夠的重視。那便是，雜誌無所不包，「總宇宙之文」，不同文體互相滲透的結果，導致文體變異乃至新文體的誕生。一八九七年六月，譚嗣同在《報章文體說》

---

76 參見陳平原：《中華文化通志・散文小說志》，192-198頁，上海，上海人民出版社，1998。

一文中，首次從正面角度闡發報章「總宇宙之文」的意義。在譚氏看來，天下文章三類十體，唯有報章博碩無涯，百無禁忌；至於俗士指責「報章繁蕪茸，見乖體例」，乃井蛙之見。[77]譚氏的遠見卓識，在清末民初諸多報人的積極實踐中，得到充分的證實。無論是梁啟超之發起「文界革命」「小說界革命」，還是陳獨秀的提倡白話文與新文化，都大大得益於迅速崛起的近代報業。

從文學史而不是新聞史、思想史的角度審視《新青年》，需要關注的，主要不是其政治主張或傳播範圍，而是其表達方式。將一份存在時間長達七年、總共刊行九卷五十四號的「雜誌」，作為一個完整且獨立的「文本」來閱讀、分析，那麼，首先吸引我們的，是各種文體的自我定位及相互間的對話，還有這種對話所可能產生的效果。比起各專業刊物（如文藝雜誌）的出現、各報紙副刊（如文藝副刊）的設置這樣言之鑿鑿的考辨，《新青年》中不同文體間的對話、碰撞與融合，顯得比較曲折與隱晦，需要更多的史實與洞見。以下的分析，即便做不到「每下一義，泰山不移」，也希望能為後來者打開思路。

大凡精明且成功的報人，其心目中的理想文章，應該是有「大體」而無「定體」，就像金人王若虛在《文辨》中所說的那樣。那是因為，讀者在變化，作者在變化，時局與市場也在變化，報章文體不可能一成不變。但另一方面，萬變不離其宗，主心骨不能動，否則東搖西擺，雜誌很容易隨風飄去。在這方面，陳獨秀是老手，火候掌握得很好。胡適對陳獨秀將編輯部轉移到上海，以及擱下風頭正健的新文學，轉而介紹蘇俄的政治革命很不以為然，那是因為胡適誤解了陳獨秀的趣味——自始至終，文學都不是仲甫先生的「最愛」。

蔡元培為《中國新文學大系》撰寫總序，曾提及：「為怎麼改革

---

77 參見譚嗣同：《報章文體說》，載《時務報》，29、30冊，1897年6月。

思想，一定要牽涉到文學上？這因為文學是傳導思想的工具。」[78]包括陳獨秀在內的《新青年》同人，大都認同這一思路。只不過對於編雜誌的人來說，引入文學話題，還有吸引更多讀者這一行銷方面的考慮。除此之外，堅硬的政論與柔和的詩文之間的互補，可以調劑談話的氛圍，以及豐富雜誌的形象。《新青年》的一頭一尾，政論占絕對優勢，姿態未免過於僵硬；只有與北大教授結盟那幾卷，張弛得當，政治與文學相得益彰。但即便是最為精彩的第三至七卷，文學依舊只是配角。一個明顯的例子，總共五十四期雜誌，只有一九一九年二月出版的六卷二號，將周作人的《小河》列為頭條。依據此前一期刊出的《第六卷分期編輯表》，可知負責六卷二號編輯工作的，正是一貫語出驚人的錢玄同。在同時期的白話詩中，《小河》確實是難得的佳作，日後的文學史家對其多有襃揚。但我懷疑錢玄同的編排策略，乃是希望「出奇制勝」，而不是顛覆《新青年》以政論為中心的傳統。

陳獨秀等《新青年》同人，借助於版面語言，凸顯議政、述學與論文，而相對壓低文學創作，此舉可以有以下三種解讀：第一，「文以載道」的傳統思路仍在延續；第二，《新青年》以思想革新為主攻方向；第三，即便「高談闊論」，也可能成為好文章。表面上只是編輯技巧，實則牽涉到《新青年》的文化及文學理想。即便將眼光局限在「文章流變」，《新青年》的貢獻也是有目共睹。黎錦熙一九三九年為錢玄同作傳時，專門強調五四新文化人之提倡白話文，最大困難不在「文藝文」，而在「學術文」。胡適發表白話詩「算是創體，但屬文藝」；「唯有規規矩矩作論文而大膽用白話」，對於當時的讀書人，「還

---

78 蔡元培：《〈中國新文學大系〉總序》，見胡適編選：《中國新文學大系・建設理論集》，9頁。

感到有點兒扭扭捏捏」。[79]正是這一點，使得五四新文化人的「議政」「述學」與「論文」，本身就具有「文章學」的意義。

有趣的是，一個以政論為中心的思想／文化雜誌，真正引起社會上強烈關注的，卻是其關於文學革命的提倡。當然，若依時論，只從文學角度解讀《新青年》，難免買櫝還珠之譏。「五四」新文化人之所以選擇白話文作為文學革命的切入口，以及組織「易卜生專號」意圖何在，鼓動女同胞出面討論「女子問題」為何沒有獲得成功，[80]諸如此類大大小小的問題，只有放在政治史及思想史脈絡上，才能得到較為完滿的解釋。可以這麼說，《新青年》「提倡」新文學，確實功勳卓著；但「新文學」的建設，卻並非《新青年》的主要任務。套用胡適的話，《新青年》的「文學史地位」，主要體現在「自古成功在嘗試」。

「但開風氣不為師」，這一思路決定了《新青年》的注意力集中在「提倡」而不是「實踐」。與陳獨秀們唱對臺戲的《學衡》諸君，正是抓住《新青年》的這一弱點，稱：

> 且一種運動之成敗，除作宣傳文字外，尚須出類拔萃之著作以代表之，斯能號召青年，使立於旗幟之下。……至吾國文學革

---

79 黎錦熙：《錢玄同先生傳》，見曹述敬：《錢玄同年譜》，170-171頁，濟南，齊魯書社，1986。

80 《新青年》6卷4號（1919年4月）上，刊有一則《新青年記者啟事》，標題是「女子問題」：「本志於此問題，久欲有所論列。只以社友多屬男子，越俎代言，慮不切當。敢求女同胞諸君，於『女子教育』『女子職業』『結婚』『離婚』『再醮』『姑媳同居』『獨身生活』『避孕』『女子參政』『法律上女子權利』等關於女子諸重大問題，任擇其一，各就所見，發表於本志。一以徵女界之思想，一以示青年之指標。無計於文之長短優劣，主張之新舊是非，本志一律匯登，以容眾見。記者尚有一得之愚，將亦附驥尾以披露焉。」很可能是因其時女子教育沒有充分開展，加上五四運動很快爆發，《新青年》邀請「女同胞諸君」討論「女子問題」的設想並沒有真正落實。

命運動,雖為時甚暫,然從未產生一種出類拔萃之作品。[81]

我們固然可以反唇相譏:《學衡》派的文學成績更是乏善可陳;但胡先驌的責難其實必須認真面對。胡適在《〈中國新文學大系・建設理論集〉導言》中也稱:「一個文學運動的歷史的估價,必須也包括他的出產品的估價。」那是因為:

> 文學革命產生出來的新文學不能滿足我們贊成革命者的期望,
> 就如同政治革命不能產生更滿意的社會秩序一樣,雖有最圓滿
> 的革命理論,都只好算作不兌現的紙幣了。[82]

只是在胡適眼中,這問題早已解決。在撰於一九二二年的《五十年來中國之文學》中,胡適已將尚在進行的「文學革命」送入了文學史。魯迅則沒有那麼樂觀,他之所以在《〈中國新文學大系・小說二集〉導言》中專門提及《狂人日記》《孔乙己》《藥》等,「算是顯示了『文學革命』的實績」,一方面是承認「從《新青年》上,此外也沒有養成什麼小說的作家」,[83]另一方面也是為了回應社會上不絕如縷的批評。

正如魯迅所說,「凡是關心現代中國文學的人,誰都知道《新青年》是提倡『文學改良』,後來更進一步而號召『文學革命』的發難者」;但「《新青年》其實是一個論議的刊物,所以創作並不怎樣著重」。《新青年》上,「比較旺盛的只有白話詩;至於戲曲和小說,也依然大抵是翻譯」。[84]魯迅如此談論《新青年》的文學成績,顯然受制

---

81 胡先驌:《評胡適〈五十年來中國之文學〉》,載《學衡》,18期,1923年6月。
82 胡適:《〈中國新文學大系・建設理論集〉導言》,見胡適編選:《中國新文學大系・建設理論集》,1-2頁。
83 魯迅:《〈中國新文學大系・小說二集〉導言》,見《魯迅全集》,6卷,238-239頁。
84 同上書,238頁。

於其時頗為風行的「純文學」與「雜文學」的分野。將詩歌、戲曲、小說列入「純文學」或「文學之文」的範圍，而將其他文字稱為「雜文學」或「應用之文」，[85]陳獨秀、劉半農的這一「文學觀」，日後影響極大。按照這一思路，《新青年》上占主導地位的「議政」「述學」與「論文」，便無法成為「『文學革命』的實績」。

而我恰好認為，《新青年》的文學成就，不僅體現在白話詩歌的成功嘗試，以及魯迅小說的爐火純青；更值得關注的，還在於《新青年》同人基於思想革命的需要，在社會與個人、責任與趣味、政治與文學之間，保持良好的對話狀態，並因此催生出新的文章體式：「通信」和「隨感」。

胡適說得沒錯，《新青年》上關於文學革命的提倡，「引起討論最多的當然第一是詩，第二是戲劇」，理由很簡單：

> 這是因為新詩和新劇的形式和內容都需要一種根本的革命；詩的完全用白話，甚至於不用韻，戲劇的廢唱等，其革新的成分都比小說和散文大的多，所以他們引起的討論也特別多。[86]

但有趣的是，日後文學史家盤點《新青年》上「『文學革命』的實績」，最為首肯的，卻是小說和散文，而不是當年風光八面的詩歌和戲劇。

要講藝術技巧，胡適的「遊戲的喜劇」《終身大事》固然不足

---

85 參見陳獨秀給胡適的覆信（載《新青年》，2卷2號，1916年10月），以及劉半農的《我之文學改良觀》和陳獨秀為此文所作「識語」（載《新青年》，3卷3號，1917年5月）。

86 胡適：《〈中國新文學大系‧建設理論集〉導言》，見胡適編選：《中國新文學大系‧建設理論集》，31頁。

道，但勉強還能演出；陳衡哲的《老夫妻》和陳綿的《人力車夫》，只能算是簡單的情景對話，根本無法搬上舞臺。相比之下，白話詩的陣容強大得多，《新青年》的主要作者，幾乎都曾粉墨登場。在這座新搭建的詩壇上，「友情出演」者不少，真正詩才橫溢且持之以恆地進行藝術探索的，不能說絕對沒有，但少得可憐。對此狀態，周作人曾有過相當清醒的評價：

> 那時作新詩的人實在不少，但據我看來，容我不客氣地說，只有兩個人具有詩人的天分，一個是尹默，一個就是半農。[87]

可如此低調的敘述，後起的小說家沈從文依舊不認帳。在《讀劉半農的〈揚鞭集〉》中，沈稱周認定的有「天分」的新詩人，包括俞平伯、沈尹默和劉復（此處記憶有誤）；這三人的新詩固然樸素自然，尤其劉復能駕馭口語，驅遣新意，「但這類詩離去了時代那一點意義，若以一個藝術的作品，拿來同十年來所有中國的詩歌比較，便是極幼稚的詩歌」。[88]此說不算太苛刻，日後朱自清為《中國新文學大系》編選新詩，除欣賞周作人的長詩《小河》「融景入情，融情入理」，對白話詩主將胡適的新詩理論也頗多揄揚；至於《新青年》其他新詩人的作品，朱自清則實在「吟味不出」其佳妙處。[89]

　　一九二六年的周作人，一面追憶「我與半農是《新青年》上作詩的老朋友，是的，我們也發謬論，說廢話，但作詩的興致卻也的確不弱，《新青年》上總是三日兩頭的有詩」，一面又相當謙虛地稱：「我

---

87 周作人：《〈揚鞭集〉序》，載《語絲》，82期，1926年6月。

88 沈從文：《讀劉半農的〈揚鞭集〉》，載《文藝月刊》，2卷2期，1931年2月。

89 參見朱自清為《中國新文學大系・詩集》撰寫的《導言》及《選詩雜記》，見《朱自清全集》，第4卷，366-385頁，南京，江蘇教育出版社，1990。

對於中國新詩曾搖旗吶喊過,不過自己一無成就,近年早已歇業,不再動筆了。」[90]這種當年曾為剛剛誕生的新詩「搖旗吶喊」,很快就「金盆洗手」的狀態,在《新青年》同人中相當普遍。魯迅在《〈集外集〉序言》中也有類似的表述:

> 只因為那時詩壇寂寞,所以打敲邊鼓,湊些熱鬧;待到稱為詩人的一出現,就洗手不作了。[91]

儘管後人對於周氏兄弟的新詩有很好的評價,但對他們本人來說,真正的名山事業確實不在新詩。

《新青年》的詩壇十分熱鬧,可成績並不理想。這正是胡適所再三表白的:「提倡有心,創造無力。」本身並不具備「詩人的天分」,卻非要參加白話詩的「嘗試」不可,《新青年》同人的這種創作心態,一如其不懂戲曲,卻非要暢談中國舊戲是否當廢一樣,都是基於社會責任而不是個人興趣。集合在「思想革命」與「文學革命」大旗下的《新青年》同人,講究同氣相求,通力合作。這種同道之間為了某種共同理想而互相支持的精神氛圍,既煮了不少夾生飯,也催生出一些偉大的作品。比如小說家魯迅的「出山」,很大程度上便是這種「召喚」的成果。

在《〈吶喊〉自序》中,魯迅提到《新青年》編輯「金心異」(指錢玄同)的再三約稿:

> 我懂得他的意思了,他們正辦《新青年》,然而那時彷彿不特

---

90 周作人:《〈揚鞭集〉序》,載《語絲》,82期,1926年6月。
91 魯迅:《〈集外集〉序言》,見《魯迅全集》,7卷,4頁。

　　　　沒有人來贊同，並且也還沒有人來反對，我想，他們許是感到
　　　　寂寞了……[92]

為了慰藉先驅者，免得其過於寂寥，魯迅終於不負眾望，開始其「鐵
屋中的吶喊」。對於這段廣為人知的「魯迅誕生記」，另一個當事人錢
玄同的精彩描述，不太為人關注，值得大段徵引：

　　　　我認為周氏兄弟的思想，是國內數一數二的，所以竭力慫恿他
　　　　們給《新青年》寫文章。七年一月起，就有啟明的文章，那是
　　　　《新青年》第四卷第一號，接著第二、三、四諸號都有啟明的
　　　　文章。但豫才則尚無文章送來，我常常到紹興會館去催促，於
　　　　是他的《狂人日記》小說居然做成而登在第四卷第五號了。自
　　　　此以後，豫才便常有文章送來，有論文、隨感錄、詩、譯稿
　　　　等，直到《新青年》第九卷止（十年下半年）。[93]

正是這種基於道義的共同參與意識，使得作為同人刊物的《新青
年》，顯示出很強的整體感。專號的經營，同題白話詩的出現，某些
社會話題的不斷重複，同一意象或題材在不同文體中的變奏等，[94]撫

92　魯迅：《〈吶喊〉自序》，見《魯迅全集》，1卷，419頁。

93　錢玄同：《我對於周豫才君之追憶與略評》，載《師大月刊》，30期，1936年10月。

94　魯迅1928年撰《〈奔流〉編校後記（三）》，有如此大段「文鈔」：「前些時，偶然翻
　　閱日本青木正兒的《支那文藝論叢》，看見在一篇《將胡適漩在中心的文學革命》
　　裡，有云──『民國七年（1918）六月，《新青年》突然出了《易卜生號》。這是文
　　學底革命軍進攻舊劇的城的鳴鏑。那陣勢，是以胡將軍的《易卜生主義》為先鋒，
　　胡適羅家倫共譯的《娜拉》（至第三幕），陶履恭的《國民之敵》和吳弱男的《小愛
　　友夫》（各第一幕）為中軍，袁振英的《易卜生傳》為殿軍，勇壯地出陳。他們的進
　　攻這城的行動，原是戰鬥的次序，非向這裡不可的，但使他們至於如此迅速地成為
　　奇兵底的原因，卻似乎是這樣──因為其時恰恰崑曲在北京突然盛行，所以就有對

摩這半個多世紀前的舊雜誌，你依舊能十分清晰地感覺到流淌在其中的激情與活力。

不是注重人際關係的酬唱，而是一種強烈的社會責任感，認準那是一件值得投身的事業，因此願意共同參與。正是這種「共同參與」的欲望，支撐起《新青年》的「通信」，使之成為很可能空前絕後的「神品」。雜誌設置「通信」專欄，並非陳獨秀的獨創；但此前此後的無數實踐，之所以不若《新青年》成功，很大原因在於《新青年》同人全力投入，將其作為「品牌」來經營。

《青年雜誌》創刊號上的《社告》，最具創意的很可能不是常被引用的將讀者鎖定在青年，以及呼籲青年「不可不放眼以觀世界」──此等思路，晚清以降已成新派學人的共識；而是兩則不太起眼的關於雜誌編輯體例的說明。前一則「本志以平易之文，說高尚之理」，對於曾經主編過《安徽俗話報》的陳獨秀來說，似乎有點後退；這與其將啟蒙的主要對象從不太識字的勞苦大眾轉為受過新式教育的先進青年這一大的戰略轉移有關。而後一則更有意思：

> 本志特闢通信一門，以為質析疑難發抒意見之用。凡青年諸君對於物情學理，有所懷疑，或有所闡發，借可直緘惠示。本志當盡其所知，用以奉答，庶可啟發心思，增益神志。

一開始只是讀者提問，編輯答疑，雜誌猶如虛擬的課堂，編輯（記者）就是那「傳道授業解惑」的教師。很快地，讀者的主體性開始萌現，不再只是虛心請教。《新青年》二卷一號（1916年9月）刊出的《通告二》稱：

此叫出反抗之聲的必要了。那真相，徵之同志的翌月號上錢玄同君之所說（隨感錄十八），漏著反抗底口吻，是明明白白的……』見《魯迅全集》，7卷，162-163頁。

> 本志自第二卷第一號起，新闢《讀者論壇》一欄，容納社外文
> 字，不問其「主張」「體裁」是否與本志相合，但其所論確有
> 研究之價值者，即皆一體登載，以便讀者諸君自由發表意見。

這則《通告二》連刊六次，「以便讀者諸君自由發表意見」句還專門
加了圈點。既要讓讀者「自由發表意見」，又不想放棄編者「啟發心
思，增益神志」的責任，陳獨秀巧妙地引進編輯部同人，讓大家都來
參與辯難與答疑。

　　這樣一來，第三至六卷的《新青年》，其「通信」一欄變得五彩
繽紛，煞是好看。從晚清報刊溝通讀者的基本技巧，到別出心裁地在
同人雜誌中引入異質因素，再到提供敵我雙方廝殺的陣地，以及同道
互相支持的戲臺，《新青年》最具創意的欄目設計，非「通信」莫
屬。這其中，陳獨秀的個人魅力固然重要，錢玄同、胡適、周作人、
劉半農等的加盟同樣必不可少。比起簡單地回答讀者提出的問題，同
人之間的相互辯駁，更能促使討論深入。即便推進「思想革命」與
「文學革命」的大方向一致，在具體策略及實施方案方面，《新青
年》同人間還是有不少分歧。於是，在「通信」欄中，展開了高潮迭
起的論爭──大到文學如何改良、孔教是否該批，小到《金瓶梅》如
何評價，橫行與標點是否當行，還有世界語的提倡、英文「She」字
譯法之商榷等，幾乎五四新文化的各個子命題，都曾在「通信」欄中
「表演」過。

　　使用「表演」一詞，並非貶低「通信」欄中諸君的高談闊論，而
是指向其刻意營造的「眾聲喧嘩」局面，還有行文中不時流露的遊戲
色彩。確實是對話，也略有交鋒，但那基本上是同道之間的互相補
臺。好不容易刊出火藥味十足的王敬軒來信，可那又是虛擬的，目的
是提供批判的靶子。也就是說，別看《新青年》上爭得很厲害，那是

有控制的「自由表達」。唯一一次比較有分量的挑戰──張厚載質疑《新青年》同人對於中國舊戲的見解，又被胡適、錢玄同、劉半農、陳獨秀、周作人、傅斯年等輕易地打發了。[95]這當然是同人雜誌的特點決定的，不太可能刊登乃至接納與自家立場截然對立的觀點，只是由於《新青年》「通信」欄目的巨大成功，很容易造成這便是新舊之間「對話」或「對壘」的假象。

由於真正的對手缺席，《新青年》上的議論基本是一邊倒。擬想中的「平等對話」，無法充分展開。誰來信，誰做答，何時以及用何種方式刊登，給不給人家申辯的機會，還有作為正文還是附錄（比如張厚載應胡適之邀撰寫的《我的中國舊戲觀》，刊於《新青年》五卷四號時，便是作為傅斯年《戲劇改良各面觀》一文的附錄），諸如此類的「技術性因素」，足以阻止真正的反對派產生。李憲瑜注意到了《新青年》的「通信」欄目，由於「綜合主題的選擇、學術性的加強、編輯方式的改動」等，而「由公眾論壇而趨向自己的園地」。[96]我的意見略有不同，《新青年》從來沒有成為「公眾論壇」，即便是「通信」欄目，其「對話狀態」不只是虛擬的，而且有明確的方向感。可以說，這是《新青年》同人創造的「另一種文章」。

從文體學的角度考察《新青年》的「通信」，很容易想當然地上溯古已有之的書札。這種溯源不能說沒有道理，「通信」所虛擬的私人性及對話狀態，以及若干書札慣用的套語，在提醒這一點。但這種「擬書札」的姿態，除了拉近與讀者的距離，更多的是為了獲得獨立

---

95 參見張厚載、胡適、錢玄同、劉半農、獨秀《新文學與中國舊戲》（4卷6號），胡適《文學進化觀念與戲劇改良》（5卷4號），傅斯年《戲劇改良各面觀》（5卷4號）、《再論戲劇改良》（5卷4號），張厚載《我的中國舊戲觀》（5卷4號），周作人、錢玄同《論中國舊戲之應廢》（5卷5號）等文。

96 參見李憲瑜：《「公眾論壇」與「自己的園地」──〈新青年〉雜誌「通信」欄》，載《中國現代文學研究叢刊》，2002（3）。

思考以及自由表達的權力。換句話說，在《新青年》同人心目中，「通信」是一種「即席發言」、一種「思想草稿」。

作為留學生的胡適，「常用札記做自己思想的草稿」[97]；而作為啟蒙者的陳獨秀、錢玄同等，則借用通信「做自己思想的草稿」。既然是「草稿」而非「定本」，不妨放言無忌，橫衝直撞。《新青年》上最為激烈的議論，多以「通信」形式發表，如錢玄同之罵倒「選學妖孽，桐城謬種」、提倡《新青年》全部改用白話，以及主張「欲廢孔學，不可不先廢漢文」等（參見錢玄同發表在《新青年》第二至四卷上眾多致陳獨秀、胡適的信）。每期《新青年》上的「通信」，都並非無關痛癢的補白，而是最具鋒芒的言論，或最具前瞻性的思考。一旦思考成熟，不衫不履的「通信」，便會成為正襟危坐的「專論」。對於不只希望閱讀「思想」，更願意同時品味「性情」與「文采」者來說，作為「專論」雛形的「通信」，似乎更具魅力。《新青年》五卷五號的「通信」欄中，曾刊出魯迅的《渡河與引路》，建議「酌減」雜誌上所刊「通信」的數量，可魯迅同時承認：「《新青年》裡的通信，現在頗覺發達。讀者也都喜看。」[98]胡適晚年口述自傳，其第七章「文學革命的結胎時期」，特別渲染陳獨秀、錢玄同「二人的作品和通信」如何「哄傳一時」。[99]將「通信」從「作品」中析出，目的是突出陳、錢所撰「通信」影響之巨。至於抗議者所針對的，也主要是「通信」，這點涉及所謂「革新家態度問題」，留待下節專門論述。

「通信」作為一種「思想草稿」，既允許提出不太成熟的見解，也可提前引爆潛在的炸彈。除此之外，「通信」還具有穿針引線的作

---

97 胡適：《〈胡適留學日記〉自序》，見《胡適留學日記》，上海，商務印書館，1947。

98 唐俟（魯迅）：《渡河與引路》，載《新青年》，5卷5號，1918年11月。

99 胡適：《胡適口述自傳》，見《胡適文集》，1卷，322頁，北京，北京大學出版社，1998。

用,將不同欄目、不同文體、不同話題糾合在一起,很好地組織或調配。在某種意義上,《新青年》不是由開篇的「專論」定調子,反而是由末尾的「通信」掌舵。如此瑣碎的文章,竟然發揮如此巨大的作用,實在是個奇跡。

同是立說,「通信」卸下讜言莊論的面具,得以自由揮灑,甚至孤軍深入。這一點,類似日後大行其時的雜文。其實,就在《新青年》上,由「通信」(第一卷起)而「隨感」(第四卷起),二者無論作者、論題及文體,均有相通處。眾多「隨感」中,魯迅的脫穎而出,無疑最值得關注。對於這一文學史線索,魯迅本人供認不諱,在其第一本雜文集《熱風》的《題記》中,專門提及「我在《新青年》的《隨感錄》中做些短評」[100];而在晚年所撰《〈且介亭雜文二集〉後記》中,魯迅又相當自豪地稱:「我從在《新青年》上寫《隨感錄》起,到寫這集子裡的最末一篇止,共歷十八年,單是雜感,約有八十萬字。」[101]

作為「後起之秀」,「隨感錄」專欄一九一八年四月方才在四卷四號的《新青年》上登場。起初各篇只標明次第,沒有單獨的篇名;從第五十六篇《來了》起,方才在專欄下為各文擬題。魯迅在《新青年》上發表的「隨感」,從五卷三號的《隨感錄二十五》起,到六卷六號的《隨感六十六生命的路》止,共二十七則。雖然比起獨占鰲頭的陳獨秀(58則)還有一段距離,但魯迅還是遙遙領先於「季軍」錢玄同(15則)。總共一百三十三則「隨感」,陳、魯、錢三君就占據了整整百則,單從數量上,都能清晰地顯示《新青年》「隨感錄」之「三足鼎立」。更重要的是,比起前期偶而露面的劉半農、周作人,

---

100 魯迅:《〈熱風〉題記》,見《魯迅全集》,1卷,291頁。
101 魯迅:《〈且介亭雜文二集〉後記》,見《魯迅全集》,6卷,451頁。

或者後期勉力支撐的陳望道、周佛海，上述「三駕馬車」，確實更能
體現《新青年》「隨感錄」的特色。

在《〈熱風〉題記》中，魯迅曾這樣描述其刊載於《新青年》上
的「隨感」：

> 除幾條泛論之外，有的是對於扶乩，靜坐，打拳而發的；有的
> 是對於所謂「保存國粹」而發的；有的是對於那時舊官僚的以
> 經驗自豪而發的；有的是對於上海《時報》的諷刺畫而發的。
> 記得當時的《新青年》是正在四面受敵之中，我所對付的不過
> 一小部分；其他大事，則本志具在，無須我多言。[102]

這段話初看十分低調，頗能顯示當事人謙虛的美德。可細讀之下，方
知其大有深意——所謂迴避「泛論」與「大事」，而從「具體而微」
的「小事」入手，用嬉笑怒罵的筆法，褒貶抑揚，縱橫天下，其實正
是「隨感」的文體特徵。此類體裁短小、現實感強、文白夾雜的「短
評」，雖有「究竟爽快」的陳獨秀與「頗汪洋，而少含蓄」的錢玄同
等參與創建[103]，日後卻是經由周氏兄弟的苦心經營，發展成為各具特
色的「雜感」與「小品」[104]，在二十世紀中國散文史上大放異彩。

作為專欄的「隨感錄」，很快就被其他新文化報刊所模仿——
「稍後，李大釗、陳獨秀主持的《每周評論》，李辛白主持的《新生
活》，瞿秋白、鄭振鐸主持的《新社會》，邵力子主持的《民國日報》
副刊《覺悟》等，都開闢了『隨感錄』專欄。」[105]至於師其意而不襲

---

102 魯迅：《〈熱風〉題記》，見《魯迅全集》，1卷，291頁。
103 參見魯迅致周作人、許廣平信，見《魯迅全集》，11卷，391、47頁。
104 陳平原：《中華文化通志・散文小說志》，204-211頁。
105 錢理群等：《中國現代文學三十年》，147-148頁，北京，北京大學出版社，1998。

其名者，更是不勝枚舉。以「隨感」「隨筆」「雜感」「雜文」為報刊的名稱、論文的主旨，或設置相關專欄，提倡特定文體，在後世無數追隨者的簇擁下，《新青年》的開創之功，很容易激起文學史家的聯翩浮想。

值得注意的是，在晚清報刊中，其實早已出現類似的篇幅短小、語帶調侃的「時評」，比如梁啟超的「飲冰室自由書」，但沒有凝集為一種相對穩定且被廣泛接受的文體。一直到《新青年》的「隨感錄」，方才將這種兼及政治與文學、痛快淋漓、寸鐵殺人的文體充分提升。政論與隨感，一為開篇之「莊言」，一為結尾之「諧語」，二者遙相呼應，使得《新青年》莊諧並舉。一開始只是為了調節文氣，甚至很可能是作為補白，但「隨感」短小精悍、靈活多變、特別適合於談論瞬息萬變的時事的特點很快凸顯；再加上作家的巧用預／喻／寓言，「三言」聯手，不難令讀者「拍案驚奇」。

「隨感錄」的橫空出世，不僅僅為作家贏得了一個自由揮灑的專欄／文體，更凸顯了「五四」新文化人的一貫追求──政治表述的文學化。晚清以降，有志於改革社會者，往往喜歡借助文學的神奇魔力。這一將文學工具化的思路，日後備受非議；可有一點不能忽略，攪動一池渾水，迫使眾多文體升降與移位，這本身就可能催生出新的審美趣味與形式感。小說成為「文學之最上乘」，戲劇舞臺上冒出了「言論小生」，以及「論政（學）之文」希望兼有文學性，所有這些，都並非純然消極的因素。

談論晚清以降的文學變革，思想史背景是個不能忽視的重要面向。只是落實到具體雜誌，要不政治獨尊，要不文學偏勝，難得有像《新青年》這樣，「思想革命」與「文學革命」齊頭並進，而且互相提攜者。而這一「思想」與「文學」之間的糾葛與互動，不只催生了若干優秀的小說與詩文，還豐富了政治表述的形式──《新青年》上

的「通信」與「隨感」，八十多年後的今天，餘香未盡，依舊值得再
三回味。

五　提倡學術與壟斷輿論

　　就像前面提到的，《新青年》之以「運動」的方式推進文學事
業，講究策略，追求效果，相對忽略細緻入微的學理分析；而在具體
欄目設置上，又創造性地採用作為「思想草稿」的「通信」，以及嬉
笑怒罵皆成文章的「隨感錄」，刻意營造桀驁不馴的形象。思想方式
與文體創新，二者配合默契，共同挑戰根深蒂固的傳統中國。撇開孔
教之是非、古文之死活，單是這種激進的反叛姿態，便引起很大的爭
議。前面略為提及陳獨秀「必不容反對者有討論之餘地」，藍志先批
評《新青年》的罵人文章，以及胡適對此問題的反省，基本是在「運
動策略」的角度思考；這裡換一個角度，借助於《學衡》派的抗擊，
重新解讀《新青年》中關於「革新家態度問題」的辯難。

　　《新青年》與《學衡》的對抗，主要體現在對於傳統中國及歐西
文明的不同想像，同時也落實在知識者言說的方式上。眼看著新文化
運動得到青年讀者的熱烈回應，正如火如荼地展開，《學衡》諸君奮
起反抗，首先針對的便是這種訴諸群眾運動的策略。按照吳宓的說
法，提倡新文化者，其實是「以政客之手段，到處鼓吹宣布」[106]；胡
先驌則批評新文化人「利用青年厭故喜新，畏難趨易，好奇立異，道
聽塗說之弱點」，發為不負責任的驚人之論。[107]梅光迪的批評最為狠
毒，挖掘「今人提倡學術之方法」背後的功利目標：

---

106 吳宓：《論新文化運動》，載《學衡》，4期，1922年4月。
107 胡先驌：《論批評家之責任》，載《學衡》，3期，1922年3月。

> 彼等既以功利名譽為目的，作其新科舉夢，故假學術為進身之
> 階。昔日科舉之權，操於帝王，今日科舉之權，操於群眾；昔
> 之迎合帝王，今日之迎合群眾。其所以迎合者不同，其目的則
> 一也。故彼等以群眾運動之法，提倡學術，壟斷輿論，號召徒
> 黨，無所不用其極，而尤藉重於團體機關，以推廣其勢力。[108]

《新青年》同人以思想啟蒙為目標，必然面向廣大民眾，所謂「以群
眾運動之法」，沒有什麼不對。關鍵在於「提倡學術，壟斷輿論」八
個字。任何一個雜誌，都有自己的宗旨；任何一場運動，都有自己的
主張，「提倡學術」，此乃題中應有之義，為何《學衡》諸君那麼反
感？看來問題出在「壟斷輿論」上。

　　就像人心向背一樣，「輿論」其實是很難被「壟斷」的——除非採
用軍事或政治的暴力。《新青年》同人只有紙墨而沒有槍炮，如何能
夠「壟斷輿論」呢？其實，梅光迪追究的，不是結果，而是動機，即
《新青年》同人希望通過「肆行謾罵」而達到「壟斷輿論」的目標：

> 彼等不容納他人，故有上下古今，惟我獨尊之概。其論學也，
> 未嘗平心靜氣，使反對者畢其詞，又不問反對者所持之理由，
> 即肆行謾罵，令人難堪。……往者《新青年》雜誌，以罵人特
> 著於時。……其尤甚者，移學術之攻擊，為個人之攻擊。[109]

如此立說，近乎誅心之論。但《學衡》諸君確實認準《新青年》同人
不純粹是思想問題，而是嘩眾取寵，說話不負責任，只求一時痛快。
胡先驌的《論批評家之責任》，就是這樣給錢玄同、胡適等上課的：

---

108 梅光迪：《評今人提倡學術之方法》，載《學衡》，2期，1922年2月。
109 同上。

> 又如錢君玄同，中國舊學者也，捨舊學外，不通歐西學術者
> 也，乃言中國學術無絲毫價值，即將中國載籍全數付之一炬，
> 亦不足惜。此非違心過情之論乎！胡君適之乃曲為之解說，以
> 為中國思想界過於陳舊，故錢君作此有激之言。夫負批評之責
> 任者，其言論足以左右一般青年學子，豈容作一二有激之言
> 乎？[110]

其實，在一個風雲變幻的變革年代，很難真的像胡先驌所設想的，
「以中正之態度，為平情之議論」——《學衡》上的文章，論及新文
化時，同樣充滿怒氣與怨氣；但胡君最後提出的「勿謾罵」戒律，還
是發人深省的。就像胡君所說的：「今之批評家，猶有一習尚焉，則
立言務求其新奇，務取其偏激，以駭俗為高尚，以激烈為勇敢。此大
非國家社會之福，抑亦非新文化前途之福也。」[111]

　　時光流逝，滄海桑田，後人重讀作為五四新文化運動「遺跡」的
《新青年》，不免有些隔膜。單從文本看，陳獨秀、錢玄同等人的偏
激，可謂一目了然。學者們希望用「了解之同情」的心態，來面對這
些報刊史上的「經典文獻」。賴光臨在《中國近代報人與報業》中，
專列四章（外加前言、結論）討論《新青年》的功過，尤其關注其
「言論態度」：

> 談論《新青年》人物的言論態度，大致可用八個字歸納：議論
> 激昂，態度剛愎。

至於《新青年》同人為何採取如此偏激的姿態，賴君提供的答案有

---

110 胡先驌：《論批評家之責任》，載《學衡》，3期，1922年3月。
111 同上。

三：「一是這些人物的思想中，都含有『尼采層』，因之最不能對他們認為『不合理』的事物因循妥協。」「二是新青年人物之言論激烈，主要目的是在於破除舊說。」「三是他們對國家危亡的處境，感受特別敏銳，以『烈火焚居，及於眉睫』，因而『急不擇言』。」[112]

　　時人及後世史家之感慨《新青年》「態度剛愎」，主要不是指三卷三號（1917年5月）上胡適、陳獨秀的「通信」──在提倡白話文學這個問題上，到底是「容納異議，自由討論」，還是「不容他人之匡正」，關係不是很大。《新青年》「激起眾怒」的，其實是劉半農的《答王敬軒書》。《新青年》四卷三號（1918年3月）上，以《文學革命之反響》為題，刊發錢玄同戲擬的「王敬軒來信」，以及劉半農的答覆。正因王敬軒實無其人，乃虛擬的箭垛，劉半農將其作為舊勢力的象徵，極盡挖苦之能事。其語調之刻毒，讓旁人看不過去，於是引發了一場關於「革新家態度問題」的爭論。

　　先是在《新青年》四卷六號（1918年6月）的「通信」欄中，以《討論學理之自由權》為題，探討「有理」是否就可以「罵人」。那封署名「崇拜王敬軒先生者」的來信，真假莫辨，或許又是個圈套：

> 王先生之崇論宏議，鄙人極為佩服；貴志記者對於王君議論，肆口侮罵，自由討論學理，固應又是乎？

接下來陳獨秀的答辯詞，帶有綱領性質，在日後的爭論中，曾被錢玄同引用，可見其大致代表《新青年》同人的立場：

> 本志自發刊以來，對於反對之言論，非不歡迎；而答詞之敬慢，略分三等：言論精到，足以正社論之失者，記者理應虛心

受教。其次則是非未定者，苟反對者能言之成理，記者雖未敢
苟同，亦必尊重討論學理之自由，虛心請益。其不屑與辯者，
則為世界學者業於公同辯明之常識，妄人尚復閉眼胡說，則唯
有痛罵之一法。討論學理之自由，乃神聖自由也；倘對於毫無
學理毫無常識之妄言，而濫用此神聖自由，致是非不明，真理
隱晦，是曰「學願」；「學願」者，真理之賊也。[113]

既然是同人刊物，完全可以拒絕刊載毫無常識的駁難，就像魯迅《渡
河與引路》說的。[114]可《新青年》為何偏要登載那些「毫無學理毫無
常識之妄言」──找不到合適的「妄言」，甚至杜撰出一則「王敬軒
來信」──然後再加以痛罵？大概只能歸結為，此乃吸引讀者目光的
編輯策略。劉半農的覆信，開篇就是：

記者等自從提倡新文學以來，頗以不能聽見反抗的言論為憾，
現在居然有你老先生「出馬」，這也是極應歡迎，極應感謝
的。[115]

這可不是作為修辭手法的「反話」，而是《新青年》同人製造「王敬
軒事件」的真實意圖。

---

113 崇拜王敬軒先生者、獨秀：《討論學理之自由權》，載《新青年》，4卷6號，1918年
6月。

114 魯迅在《渡河與引路》中建議：「只須將誠懇切實的討論按期登載，其他不負責任
的隨口批評，沒有常識的問難，至多只要答他一回，此後便不必多說，省出紙墨
移作別用。例如見鬼、求仙、打臉之類，明明白白全是毫無常識的事情，《新青
年》卻還和他們反覆辯論，對他們說『二五得一十』的道理，這功夫豈不可惜，
這事業豈不可憐？」

115 王敬軒、半農：《文學革命之反響》，載《新青年》，4卷3號，1918年3月。

　　還是在「通信」欄，五卷一號《新青年》上發表的，一是汪懋祖和胡適的《讀新青年》，二是戴主一、錢玄同的《駁王敬軒君信之反動》。汪懋祖的來信主要批評稱中國人論戰時喜歡將對方妖魔化，甚至還要「食肉寢皮」，足證其兇暴與褊狹。接下來話鋒一轉，指向《新青年》文章之「如村嫗潑罵」：

> 文也者，含有無上美感之作用，貴報方事革新而大闡揚之；開卷一讀，乃如村嫗潑罵，似不容人以討論者，其何以折服人心？此雖異乎文學之文；而貴報固以提倡新文學自任者，似不宜以「妖孽」「惡魔」等名詞輸入青年之腦筋，以長其暴戾之習也。

胡適富有涵養，面對這樣尖銳的指責，覆信依然很客氣，顯示其一貫的紳士風度。不過，對於自家立場，沒有絲毫動搖；需要改進的，只是「輿論家的手段」：

> 此種諍言，具見足下之愛本報，故肯進此忠言。從前我在美國時，也曾寫信與獨秀先生，提及此理。那時獨秀先生答書說文學革命一事，是「天經地義」，不容更有異議。我如今想來，這話似乎太偏執了。我主張歡迎反對的言論，並非我不信文學革命是「天經地義」。我若不信這是「天經地義」，我也不來提倡了。但是人類的見解有個先後遲早的區別。我們深信這是「天經地義」了，旁人還不信這是「天經地義」。我們有我們的「天經地義」，他們有他們的「天經地義」。輿論家的手段，全在用明白的文學，充足的理由，誠懇的精神，要使那些反對我們的人不能不取消他們的「天經地義」，來信仰我們的「天

經地義」。所以本報將來的政策，主張儘管趨於極端，議論定須平心靜氣。一切有理由的反對，本報一定歡迎，絕不致「不容人以討論」。[116]

戴主一致《新青年》編者的信，直接點名批評劉半農的《答王敬軒書》，更指出「通信」一欄多「胡言亂語」，失去了「辯難學術」的本意：

> 「通信」一門，以為辯難學術，發抒意見之用，更屬難得。尚有一事，請為諸君言之：通信既以辯論為宗，則非辯論之言，自當一切吐棄；乃諸君好議論人長短，妄是非正法，胡言亂語，時見於字裡行間，其去宗旨遠矣。諸君此種行為，已屢屢矣；而以四卷三號半農君覆王敬軒君之言，則尤為狂妄。……足見記者度量之隘。

錢玄同可沒有胡適那樣的涵養，估計是一讀此信火冒三丈，不覺得有認真理論的必要，於是以雜文筆法作答。先請戴君讀讀陳獨秀發表在《新青年》四卷六號上的答辯辭，即所謂「答詞之敬慢，略分三等」，對於「妄人」之「閉眼胡說」，「則唯有痛罵之一法」。接下來反唇相譏，倒打一耙：「來書中如『胡言亂語』，『狂妄』，『肆無忌憚』，『狂徒』，『顏之厚矣』諸語，是否不算罵人？幸有以教我！」[117]

　　這還沒完，大概社會上對於《新青年》之「好罵人」微詞頗多，陳獨秀覺得還有澄清的必要。五卷六號的《新青年》上，又以《五

---

116 汪懋祖、胡適：《讀新青年》，載《新青年》，5卷1號，1918年7月。
117 戴主一、錢玄同：《駁王敬軒君信之反動》，載《新青年》，5卷1號，1918年7月。

毒》為題，發表愛真與獨秀的通信。愛真譏笑錢玄同的主張自相矛盾，既廢滅漢文，又何須改良？而《新青年》「每號中，幾乎必有幾句『罵人』的話。我讀了，心中實在疑惑得狠」。陳獨秀的答書很有意思，除強調《新青年》同人辯論時所取「除惡務盡」的立場，還隱含著對於胡適紳士腔調的嘲諷：

> 尊函來勸本志不要「罵人」，感謝之至。「罵人」本是惡俗，本志同人自當有則改之，無則加勉，以答足下的盛意。但是到了辯論真理的時候，本志同人大半氣量狹小，性情直率，就不免聲色俱厲；寧肯旁人罵我們是暴徒是流氓，卻不願意裝出那紳士的腔調，出言吞吐，至使是非不明於天下。因為我們也都「抱了掃毒主義」，古人說得好，「除惡務盡」，還有什麼客氣呢？[118]

顯然，在陳獨秀眼中，《新青年》之「聲色俱厲」，不只並非必須改進的缺點，而且是「性情直率」的表現。

前面幾次「通信」，因對手乃無名之輩，且說不出什麼道理，只是表達不滿而已，《新青年》同人的答辯未免輕慢了點。《新青年》六卷四號上藍志先、胡適、周作人三人的問學與辯難，沒有依慣例收入「通信」欄，而是另設「討論」欄，顯然認定此回的「討論」非同一般。一方面是藍志先的學術地位，另一方面此信談及「貞操問題」「拼音文字問題」「革新家態度問題」，有很強的學理性。當然，也與這期雜誌歸胡適編輯有關。藍君先是感歎中國人之不喜歡也不擅長辯論：

---

118 愛真、獨秀：《五毒》，載《新青年》，5卷6號，1918年12月。

在歐美各國，辯論是真理的產婆，愈辯論真理愈出。而在中
國，辯論卻是嘔氣的變相，愈辯論論旨愈不清楚，結局只能以
罵人收場。

接下來討論「革新家態度問題」，對《新青年》的論辯風格頗有微詞：

> 講到《新青年》的缺點，有許多人說是罵人太過，吾卻不是如
> 此說。在中國這樣混濁社會中講革新，動筆就會罵人，如何可
> 以免得。不過這裡頭也須有個分別，辯駁人家的議論說幾句感
> 情話，原也常有的事，但是專找些輕佻刻薄的話來攻擊個人，
> 這是中國自來文人的惡習，主張革新思想的，如何自己反革不
> 了這惡習慣呢？像《新青年》通信欄中常有這種筆墨，令人看
> 了生厭。本來通信一門是將彼此辯論的理由給一般人看的，並
> 不是專與某甲某乙對罵用的，就便罵得很對，將某甲某乙罵一
> 個狗血噴頭，與思想界有什麼好處呢？難道罵了他一頓，以後
> 這人就不會有這樣的主張了麼？卻反令旁觀者生厭，減少議論
> 的價值。吾敢說《新青年》如果沒有這幾篇刻薄罵人的文章，
> 鼓吹的效果，總要比今天大一倍。吾是敬愛《新青年》的人，
> 很望以後刪除這種無謂的筆墨，並希望劉半儂（農）先生也少
> 說這種毫無意思的作揖主義。[119]

胡適在回答「革新家態度問題」時稱：「先生對於這個問題的議論，
句句都是從自己經驗上來的，所以說得十分懇切，我們讀了很感激先
生的好意。」接下來引錄自己在五卷一號《新青年》上的說法，即所

---

119 藍志先：《藍志先答胡適書》，載《新青年》，6卷4號，1919年4月。

謂「主張儘管趨於極端，議論定須平心靜氣」，算是呼應藍君的批評，並代表《新青年》同人作自我反省。[120]

　　值得注意的是，《新青年》同人中，對「罵人」公開表示不妥的，只有胡適。而且，就連胡適本人，後來也承認陳獨秀之「不容他人之匡正」自有其道理。在敘述文學革命進程的《逼上梁山》中，胡適引述了他與陳獨秀關於是否允許批評的通信，然後加了個按語：

> 這樣武斷的態度，真是一個老革命黨的口氣。我們一年多的文學討論的結果，得著了這樣一個堅強的革命家做宣傳者，做推行者，不久就成為一個有力的大運動了。[121]

這裡突出陳獨秀作為「宣傳者」「推行者」的作用，可如果是「思想家」或「探索者」呢？至於爭議最大的「謾罵」，胡適後來也傾向於欣賞。晚年口述自傳，提及「陳獨秀竟然把大批古文宗師一棒打成『十八妖魔』。錢玄同也提出了流傳一時的名句『選學妖孽』和『桐城謬種』」，胡適再也沒有指責的意味。而是承認：「這幾句口號一時遠近流傳，因而它們也為文學革命找到了革命的對象。」[122]

　　即便當年「主張歡迎反對的言論」，胡適也是從如何完善「輿論家的手段」的角度著眼，而不是像他的前輩章太炎那樣，主張「文化多元」，[123] 或者基於「橫看成嶺側成峰」的民間智慧。在這一點上，胡先驌的批評是有道理的：

120　胡適：《胡適答藍志先書》，載《新青年》，6卷4號，1919年4月。

121　胡適：《逼上梁山》，見《胡適文集》，1卷，163頁。

122　胡適：《胡適口述自傳》，見《胡適文集》，1卷，322頁。

123　參見陳平原：《中國現代學術之建立》，第六章。

> 夫他人之議論，不能強以盡同於我也，我之主張，恐亦未必全
> 是也。故他人議論之或不當也，盡可據論理以折之。且彼與我
> 持異議者，未必全無學問，全無見解，全無道德也。即彼所論
> 或有未當，亦無容非笑之、謾罵之不遺餘力也。……甚有人謂
> 世無王敬軒其人，彼新文學家特偽擬此書，以為謾罵舊學之
> 具。誠如此，則尤悖一切批評之原則矣。流風所被，絕無批
> 評，但有謾罵。[124]

胡適表示願意接納批評，是一種紳士姿態；至於《新青年》其他同
人，連這點姿態都免了。那麼，為什麼陳獨秀等「革新家」明知
「『罵人』本是惡俗」，卻偏要採取如此「偏激」的言說姿態？

這裡牽涉到陳獨秀等人對於文化傳統、民眾心理以及改革事業的
基本判斷，並非只是個策略選擇的問題。在《文學革命論》一文中，
陳獨秀有段十分沉痛的話，很能顯示那時改革者的心理狀態：

> 吾苟偷庸懦之國民，畏革命如蛇蠍。故政治界雖經三次革命，
> 而黑暗未嘗稍減。其原因之小部分，則為三次革命皆虎頭蛇
> 尾，未能充分以鮮血洗淨舊污；其大部分，則為盤踞吾人精神
> 界根深蒂固之倫理道德、文學、藝術諸端，莫不黑幕層張，垢
> 污深積，並此虎頭蛇尾之革命而未有焉。[125]

對時局、對國民性、對文化傳統的深刻懷疑，使陳獨秀等人對於按部
就班、溫文爾雅、和風細雨的改革能否奏效很不樂觀，因而傾向於採
用激烈的手段，「畢其功於一役」。這種時代風氣，從晚清譚嗣同的

---

124 胡先驌：《論批評家之責任》，載《學衡》，3期，1922年3月。
125 陳獨秀：《文學革命論》，載《新青年》，2卷6號，1917年2月。

「烈士心態」，到劉師培的「激烈主義」，再到五四新文化人大都默認的「矯枉必須過正」，都是假定改革必須付出代價，唯有「鮮血」能夠「洗淨舊污」。

考慮到群眾的麻木以及對抗中必不可少的損耗，革命家於是語不驚人死不休，故意將問題推到極端，在警醒公眾的同時，也保留折中迴旋的餘地。在《無聲的中國》中，魯迅曾論及這種革命家的思維方式：

> 中國人的性情是總喜歡調和，折中的。譬如你說，這屋子太暗，須在這裡開一個窗，大家一定不允許的。但如果你主張拆掉屋頂，他們就會來調和，願意開窗了。沒有更激烈的主張，他們總連平和的改革也不肯行。那時白話文之得以通行，就因為有廢掉中國字而用羅馬字母的議論的緣故。[126]

這廢掉漢字的「極端言論」，正是出於思想「偏激」「所主張常涉兩極端」，說話「必說到十二分」的錢玄同先生。[127]作為一種政治／思想運動的策略，極端思維自有其好處。鄭振鐸在敘述五四新文化運動進程時，專門強調：

> 好在陳獨秀們是始終抱著不退讓，不妥協的態度的，對於自己

---

126 魯迅：《無聲的中國》，見《魯迅全集》，4卷，13-14頁。

127 周作人《錢玄同的復古與反復古》（見《文史資料選輯》，第94輯，北京，文史資料出版社，1984）提及，「玄同所主張常涉兩極端」，而且這種思想「偏激」，「是他自己所承認的」。據黎錦熙在《錢玄同先生傳》中追憶：「從前魯迅批評他：十分話最多只須說到八分，而玄同則必須說到十二分。」（見曹述敬：《錢玄同年譜》，173頁）

的主張是絕對的信守著,「不容反對者有討論之餘地」。遂不至
上了折衷派的大當。[128]

但另一方面,過於講求「策略性」,追求最大限度的「現場效果」,未
免相對忽視了理論的自洽與完整。至於由此而激發若干原本不必要的
兇猛對抗,尚在其次。

「鐵肩擔道義,妙手著文章」,新文化人的這一自我期待,使其
言談舉止中充溢著悲壯感。這一方面使其具有道德上的優勢,論爭中
難得體會對方言論的合理性;另一方面注重勇氣而不是智慧,認準了
路,一直往前走,從不左顧右盼。唐德剛整理《胡適口述自傳》時,
在「文學革命」那一章加了條有趣的注釋:

> 搞文學革命和搞政治革命有許多相同的地方。其中很重要的一
> 點就是革命家一定要年輕有衝勁。他們抓到幾句動聽的口號,
> 就篤信不移。然後就煽動群眾,視死如歸,不成功則成仁。至
> 於這些口號,除一時有其煽動性之外,在學理上究有多少真
> 理,則又當別論。[129]

「提倡學術」猶如唐德剛所說的「搞革命」,同樣需要「篤信不移」,
而不是不斷地自我反省。經過一番艱苦卓絕的上下求索,五四新文化
人大都有了堅定的信仰——不管是自由主義、無政府主義、馬克思主
義,還是兼及文學的托爾斯泰主義、尼采主義、易卜生主義。有信
仰,有激情,加上知識淵博,「五四」那代人顯得特別自信。更何

---

128 鄭振鐸:《〈中國新文學大系・文學論爭集〉導言》,見鄭振鐸編選:《中國新文學
　　大系・文學論爭集》,5頁,上海,良友圖書印刷公司,1935。
129 胡適:《胡適口述自傳》,第七章注釋6,見《胡適文集》,1卷,324頁。

況，作為各種「主義」基石的「現代性想像」，其時正如日中天，沒像今天這樣受到嚴峻挑戰。這種狀態下，新派人士難免有點先知先覺者的「傲慢與偏見」。

傅斯年在回顧其追隨《新青年》師長，創辦《新潮》雜誌，挑戰傳統勢力時，有這麼一段自我批評：

> 我們有點勇猛的精神，同時有個武斷的毛病。要說便說，說得太快了，於是乎容易錯。觀察研究不能仔細，判斷不能平心靜氣，——我不敢為我自己諱。[130]

說到「平心靜氣」，不只《新潮》做不到，《新青年》做不到，晚清以降眾多提倡革新的報章，全都沒有真正做到。一是國勢危急，時不我待；二是大家都還沒掌握好大眾傳媒的特點，說話容易過火。批評《新青年》好罵人的《學衡》諸君，其論辯文章又何嘗「平心靜氣」。胡先驌挖苦胡適的文章，也夠刻薄的，難怪人家很不高興——旁徵博引，洋洋灑灑三萬餘言，論證《嘗試集》「無論以古今中外何種之眼光觀之，其形式精神，皆無可取」，唯一的價值是告訴年輕人「此路不通」。[131]

晚清及五四的思想文化界，絕少真正意義上的「辯論」，有的只是你死我活的「論戰」。這與報刊文章的容易簡化、趨於煽情不無關係。真正的「辯論」，需要冷靜客觀，需要條分縷析，而且對參與者與旁觀者的學識智力有較高的要求。還有一點，這種真正意義上的「辯論」，很可能沒有戲劇性，也缺乏觀賞性。大眾傳媒需要吸引盡

---

130 傅斯年：《〈新潮〉之回顧與前瞻》，載《新潮》，2卷1號，1919年10月。
131 胡先驌：《評〈嘗試集〉》，載《學衡》，1、2期，1922年1、2月。

可能多的讀者／受眾，因而，誇張的語調，雜文的筆法，乃至「挑戰權威」與「過激之詞」等，都是必不可少的作料。所謂「吾敢說《新青年》如果沒有這幾篇刻薄罵人的文章，鼓吹的效果，總要比今天大一倍」，藍志先顯然不太了解大眾心理以及傳媒特點。單就對「報章之文」的掌握而言，《新青年》同人明顯在《學衡》諸君之上。只要稍微翻閱魯迅的《估〈學衡〉》[132]，以及胡先驌的《評〈嘗試集〉》，二者文章的高低，以及爭論時之勝負，幾乎可以立斷。

從思想史角度切入「文學革命」，《新青年》同人容易顯得「高瞻遠矚」——道德優勢、整體主義思維特徵、泛政治化傾向，再加上以雜誌為陣地，其發起的文學革命，必定是理論先行，聲勢浩大。至於說如此「提倡學術」，是否必定導致「壟斷輿論」，這取決於反對派的實力。

當初創造社崛起時，打的也是「對抗壟斷」的旗幟。《時事新報》一九二一年九月二十九日刊出的《純文學季刊〈創造〉出版預告》，很能代表郭沫若、郁達夫等人的志氣與意氣：

> 自文化運動發生後，我國新文藝為一二偶像壟斷，以致藝術之新興氣運，漸滅將盡。創造社同人奮然興起打破社會因襲，主張藝術獨立，願與天下之無名作家共興起而造成中國未來之國民文學。

這裡所說的「壟斷文壇」，指的是此前成立的文學研究會。創造社之挑戰文學研究會，有文學理想及創作方法的分歧，可意氣之爭也是重要因素。好在創造社很快憑藉實力，打出屬於自己的一片新天地。

---

132 魯迅：《估〈學衡〉》，見《魯迅全集》，1卷，377-379頁。

　　這是新文學發展史上的一件大事，各方都無法迴避。茅盾《〈中國新文學大系・小說一集〉導言》以及鄭伯奇《〈中國新文學大系・小說三集〉導言》，分別敘說文學研究會和創造社的崛起，一個說「這絕不是『包辦』或『壟斷』文壇，像當時有些人所想像」，隱指創造社的無事生非；另一個接過話頭，「然而久而久之，文學研究會的成員漸漸固定了，變成了一個同人團體，那卻是不容否認的」，繼續為創造社之反抗「壟斷」辯解。

　　《新青年》之迅速崛起，不可避免地對他人造成壓迫。不管是否有意「排斥異己」，《新青年》的走紅，打破了原有的平衡，其占據中心舞臺，確有走向「壟斷輿論」的趨勢。因此，《學衡》的奮起抗爭，有其合理性。而《學衡》諸君學有根基，其文化保守主義立場，也自有其價值，值得充分理解與同情。倘若能像創造社那樣，在中國思想文化界「打出屬於自己的一片新天地」，形成雙峰對峙的局面，未嘗不是一件大好事。可惜《學衡》諸君不只道德及文化理念與時代潮流相左，其表達方式也有明顯的缺陷──胡先驌等文之引證繁複，語言囉嗦，加上賣弄學問[133]，哪比得上《新青年》同人之思維清晰，表達簡潔，切近當下生活，而且莊諧並用，新詩、小說、通信、隨感一起上──因此，其「打破壟斷」的願望，沒能真正實現。

---

133 胡先驌的《論批評家之責任》（載《學衡》，3期，1922年3月）說理清晰，但稱「欲以歐西文化之眼光，將吾國舊學重行估值，無論為建設的破壞的批評，必對於中外歷史、文化、社會、風俗、政治、宗教，有適當之研究」，接下來從屈原到趙熙，一口氣開列近八十家詩文集，再加上希臘、拉丁、英、德、法、意等五十幾家的著作，最後告訴你，「以上所舉，幾為最少甚且不足之程度」。言下之意，如沒讀過這些詩文集，免開尊口。又不是哈佛大學的博士資格考試，如此設立門檻，明顯地賣弄學問，極易讓人反感。

六　文化資本與歷史記憶

在為紀念北京大學創立二十五週年而撰的《回顧與反省》中，胡適這樣描述北大：「開風氣則有餘，創造學術則不足。」[134]這話同樣可移用來評價《新青年》，尤其是其關於文學革命的提倡。這也是幾乎所有革命者的共同命運——意識到的歷史責任，與自家興趣及實際能力之間存在一定距離，故很難避免「理念」大於「實績」的譏諷。可有一點，談論現代中國的「新文學」，《新青年》是個無法繞開的題目。無論你如何不服氣，《新青年》提倡文學革命的功績，看來是無可動搖的了。

當初新文化運動蓬勃展開，《新青年》雜誌名聲大振，對此，《學衡》主將吳宓很不以為然，悻悻然稱：

> 故中國文化史上，誰當列名，應俟後來史家定案。非可以局中人自為論斷，孰能以其附和一家之說與否，而遂定一人之功罪。[135]

可到目前為止，歷史學家還是普遍推崇《新青年》——雖然對《學衡》的評價也有所提升。

吳宓對《新青年》很不服氣，除了理念不同，還有一點，認為陳獨秀、胡適等人之所以「暴得大名」，很大程度上得益於其學術背景——北京大學。所謂「又握教育之權柄」云云[136]，指的便是這一

---

134 胡適：《回顧與反省》，載《北京大學日刊》，1922-12-17。
135 吳宓：《論新文化運動》，載《學衡》，4期，1922年4月。
136 吳宓：《論新文化運動》，載《學衡》，4期，1922年4月。

點。梅光迪同樣指責《新青年》同人「尤藉重於團體機關，以推廣其勢力」，而且，話說得更明白：

> 彼等之學校，則指為最高學府，竭力揄揚，以顯其聲勢之赫奕，根據地之深固重大。甚且利用西洋學者，為之傀儡，以便依附取榮，凌傲於國人之前矣。[137]

所謂「利用西洋學者」，此乃五四時期所有革新家的共同思路；就連《學衡》，不也滿紙「白璧德」？關鍵在於「最高學府」的權威性，確實對一般青年讀者有很大的吸引力。「熱心西學」的「少年學子」，之所以「誤以此一派之宗師，為惟一之泰山北斗」[138]，不就因為人家是「最高學府」嗎？這是最讓吳宓等《學衡》諸君痛心疾首的。

此說並非空穴來風。那位給陳獨秀寫信，希望《新青年》不要每號必有幾句「罵人」話的讀者愛真，便有這麼一段很誠懇的自我表白：

> 我抱了掃毒主義已有七八年了。無如帚小力微，所以收得的效果很小。
>
> 先生等，都是大學教授，都是大學問家。帚大力大，掃起來自然是比人家格外利害。將來的收穫，也一定是格外豐富的！[139]

這可不像是嘲諷性質的「反話」。《新青年》的讀者，對於其時唯一的國立大學，以及「都是大學問家」的大學教授，還是存有敬畏之心的。這也是胡適在口述自傳時，特別強調陳獨秀、錢玄同對其《文學

---

137 梅光迪：《評今人提倡學術之方法》，載《學衡》，2期，1922年2月。
138 吳宓：《論新文化運動》，載《學衡》，4期，1922年4月。
139 愛真、獨秀：《五毒》，載《新青年》，5卷6號，1918年12月。

改良芻議》的支持。為什麼？就因為陳是國立北京大學文科學長，錢是北大著名教授、古文大家、「國學大師章太炎的門人」。初出茅廬的「留學生」胡適，其文學革命主張能得到這兩位學界重量級人物的支持，焉能不「聲勢大振」？[140]

毋庸諱言，《新青年》的成功，確實得益於其強大的學術背景。雖然也曾刊出啟事，稱不宜「把《新青年》和北京大學混為一談」[141]，但《新青年》主體乃北大教授這一事實，已足以提供強大的文化資源——包括象徵性的以及實質性的。

《學衡》創刊的一九二二年，吳宓等人所在的東南大學才剛剛成立。雖然前有三江師範學堂（1902）、南京高師的傳統，後有中央大學的輝煌，但一直到一九二七年年底，東南大學還無法與北京大學比肩。北伐成功，國民政府定都南京，原先的東南大學，經由一番蛻變，成為首都乃至全國的「第一高校」——中央大學（1928）。作為「首都大學」，中央大學的迅速崛起有其必然性。對於大學來說，「近水樓臺先得月」；對於政府來說，意識形態控制必須借助最高學府的支持。這種權力與知識的共謀，使得中央大學獲得了更多發展的動力與資源，有一段時間明顯凌駕於北京大學之上。[142]

《學衡》諸君都是學有所長的專家學者，其對西洋文明以及傳統中國文化的了解，很可能不在《新青年》同人之下。但若論名聲以及對於社會歷史進程的影響，二者則無法比拼。關鍵在於各自所選擇的道路，以及思想方法和論述策略。除此之外，必須承認，北京大學這一學術背景，還是起了很大作用。可《新青年》同人提倡「思想革

---

140 胡適：《胡適口述自傳》，見《胡適文集》，1卷，318-322頁。

141 《〈新青年〉編輯部啟事》，載《新青年》，6卷2號，1919年2月。

142 參見陳平原：《首都的遷徙與大學的命運——民國年間的北京大學與中央大學》，載《文史知識》，2002（5）。

命」與「文學革命」，之所以青史留名，文化資本外，還得益於歷史記憶。

　　關於《新青年》的「歷史記憶」，不完全是自然而然形成的，也包括《新青年》同人自身的努力。胡先驌嘲笑胡適擅長「內臺叫好」，具體所指乃《五十年來中國之文學》中對於白話文運動的表彰。[143]可這話更適合於《嘗試集》。關於《嘗試集》，胡適有過許多「戲臺裡喝彩」，從具體詩作的品鑒，到「個人主張文學革命的小史」的述說，再到「胡適之體」的闡釋。[144]作為潛心「嘗試」白話詩寫作的適之先生，精益求精固然值得欽佩，有點功名心也完全可以理解。在此「製作經典」的過程中，最令人驚訝的舉動，還是邀請周氏兄弟等五位當世名流為其「刪詩」。此舉表面上謙卑，實則隱含了對於自家詩集的歷史定位：不滿足於「開創之功」，因而必須苦心經營其「經典之作」。[145]而這種經營是有效的，我們今天關於「文學革命」的歷史敘述，受胡適《逼上梁山》《〈中國新文學大系‧建設理論集〉導言》以及《胡適口述自傳》的影響很深。

　　這也是勝利者常有的姿態──在敘述歷史的同時，不忘自我表彰。如此不斷強化的「文化記憶」，不能不影響到後世的歷史敘述。今天我們可能對五四新文化運動的另一面──比如《學衡》諸君的理念感興趣，可當你進入歷史，就會發現，你很難像談論《新青年》那樣談論《學衡》。因為，人物形象模糊，故事不太連貫，缺乏必要的細節，無法復原生動的歷史場景，你叫我怎麼娓娓道來？相比之下，關於《新青年》的敘事是如此完整，如此生動，以至你感到那段歷史

143　胡先驌：《評胡適〈五十年來中國之文學〉》，載《學衡》，18期，1923年6月。

144　參見《嘗試集》初版、再版和四版的自序，以及《談談「胡適之體」的詩》（載《自由評論》，12期，1936年2月）。

145　參見陳平原：《經典是怎樣形成的──周氏兄弟等為胡適刪詩考》，載《魯迅研究月刊》，2001（4、5）。

似乎觸手可及。而這可不僅僅是「優勝劣敗，自然淘汰」，其中包含新文化人的苦心經營。

不管是著作、人物，還是報刊、社團，能否「流芳千古」，時間是個很重要的因素。以作品為例，二十年後還有人閱讀，是小成；五十年後不被遺忘，是中成；如果一百年後仍然被記憶，那可就是大成了。大約就在《新青年》誕生二十年之際，或者說停刊十幾年後，早已風流雲散的《新青年》同人，由於某種特殊的機緣，在回憶中重新聚首，述說友情，同時彩繪歷史，為後世之「《新青年》敘事」奠定牢靠的根基。

我所說的機緣，很明顯，是指《中國新文學大系》的編纂。一九三三年，劉半農在編纂《初期白話詩稿》時，引了陳衡哲「我們都是三代以上的古人了」的慨歎，然後加以發揮：

> 這十五年來中國內文藝界已經有了顯著的變動和相當的進步，就把我們這班當初努力於文藝革新的人，一擠擠成了三代以上的古人，這是我們應當於慚愧之餘感覺到十二分的喜悅與安慰的。[146]

這段話，被《中國新文學大系》的編纂者再三提及。比如阿英的《〈中國新文學運動史資料〉序記》，以及茅盾撰於一九三五年四月的《十年前的教訓》[147]，都提到劉半農的這段感慨。鄭振鐸的表述更加直截了當：

---

146 劉半農：《初期白話詩稿・序目》，北平，星雲堂書店，1933。
147 阿英：《〈中國新文學運動史資料〉序記》，見《阿英文集》，137-138頁，北京，生活・讀書・新知三聯書店，1979；茅盾：《十年前的教訓》，載《文學》，4卷4號，1935年4月。

　　而初期的為白話文運動而爭鬥的勇士們，像錢玄同們，便都也
轉向的轉向，沉默的沉默了。

　　只有魯迅，周作人還是不斷的努力著，成為新文壇的雙柱。[148]

這段話，在肯定周氏兄弟業績的同時，也在為《新青年》事業畫句
號。值得注意的是，胡適、周作人、魯迅等與劉半農關係更為密切且
被鄭振鐸劃為「三代以上的古人」的人們，反倒迴避這一略帶傷感的
感慨。[149]

　　「三代以上的古人」這樣的感慨，既沉重，又敏感，牽涉五四
「文學革命」與二十世紀三〇年代「革命文學」的衝突。儘管代與
代、先驅與後繼、當事人與觀察者、追憶歷史與關注當下，決定了對
於「新文學」的歷史建構，各方意見會有分歧；但經由《中國新文學
大系》的編纂，《新青年》同人的文學事業得到了前所未有的肯定。
「大系」各集的編者，各有其理論背景，也各有其現實利益，但既然
在一九一七至一九二七年的框架中書寫歷史，《新青年》的開創之
功，無論如何必須首先肯定。就像蔡元培在《總序》中所說的：

　　　　主張以白話代文言，而高揭文學革命的旗幟，這是從《新青
　　　　年》時代開始的。[150]

翻閱《中國新文學大系》各集的「導言」，《新青年》是個繞不過去的

148　鄭振鐸：《〈中國新文學大系・文學論爭集〉導言》，見鄭振鐸編選：《中國新文學
　　　大系・文學論爭集》，8頁。
149　參見楊志：《「史家」意識與「選家」眼光的交融──〈中國新文學大系〉（1917-
　　　1927）研究》，「在『分期』問題上的衝突」節，北京大學碩士論文，未刊稿，2002。
150　蔡元培：《〈中國新文學大系〉總序》，見胡適編選：《中國新文學大系・建設理論
　　　集》，10頁。

話題；至於魯迅、茅盾、鄭振鐸、朱自清等，更是開篇就從《新青年》說起。

不是從戊戌變法、辛亥革命或者五四運動，也不是從《新小說》《民報》或《南社叢刊》，而是從《新青年》說起，這一「新文學」原點的確定，對於日後的歷史敘述，關係重大。在這個意義上，《中國新文學大系》的編纂，不只是保留資料，更是書寫歷史。就在此新文學「經典化」的過程中，《新青年》同人發揮了巨大作用——除了撰寫「總序」的蔡元培，還有負責「建設理論集」的胡適、「小說二集」的魯迅、「散文一集」的周作人。此外，《新潮》社及文研會的鄭振鐸、茅盾、朱自清等，其立場也接近《新青年》同人。因此，可以這麼說，對於「中國現代文學」學科影響極為深遠的《中國新文學大系》，其關於「文學革命」的歷史敘述，深深打上了《新青年》同人的烙印。

關於「五四」一代如何借助「大系」的編纂，加強「文學革命」的歷史記憶，並恰到好處地建立起有關「新文學」的權威敘事，學界近年多有研究[151]，這裡不再細說。其實，還有另外一件事，同樣影響後世對於「新文學」的敘述。那便是因陳獨秀、李大釗著作的出版，以及劉半農的突然去世，早已分手的《新青年》同人追憶往事，感慨唏噓。

一九三二年，在《〈自選集〉自序》中，魯迅曾慨歎《新青年》同人的分手。這段話十分有名，常被研究者引用：

---

151 參見劉禾：The Making of the Compendiun of Modern Chinese Literature, Translingual Practice, Stanford University Press, 1995；溫儒敏：《論〈中國新文學大系〉的學科史價值》，載《文學評論》，2001（3）；羅崗：《解釋歷史的力量——現代「文學」的確立與〈中國新文學大系〉（1917-1927）的出版》，載《開放時代》，2001（5）。

> 後來《新青年》的團體散掉了，有的高升，有的退隱，有的前
> 進，我又經驗了一回同一戰陣中的夥伴還是會這麼變化，並且
> 落得一個「作家」的頭銜，依然在沙漠中走來走去，⋯⋯新的
> 戰友在那裡呢？[152]

中間刪去的部分，是魯迅自述其雜文、小說及散文詩的寫作。我關心
的是，漸入晚年的魯迅，其對於「成了遊勇，布不成陣了」的精神狀
態的描述。毫無疑問，此時的魯迅，十分懷念《新青年》時期同人的
並肩戰鬥。第二、第三年，因緣際會，魯迅在文章中三懷故人，恰好
都涉及早年的《新青年》事業。

一九三三年三月，魯迅撰《我怎樣做起小說來》，提及「說到為
什麼做小說，仍抱十多年前的『啟蒙主義』」，還專門介紹《狂人日
記》的寫作過程：

> 但是《新青年》的編輯者，卻一回一回的來催，催幾回，我就
> 做一篇，這裡我必得紀念陳獨秀先生，他是催促我做小說最著
> 力的一個。[153]

那時陳獨秀正在國民黨的監獄裡服刑，魯迅寫這段話時，肯定感慨遙
深。同年五月，魯迅撰《〈守常全集〉題記》，其中有云：

---

152 魯迅：《〈自選集〉自序》），見《魯迅全集》，4卷，456頁。
153 魯迅：《我怎麼做起小說來》，見《魯迅全集》，4卷，512頁。陳獨秀在五四時期，
　　確曾極力敦促魯迅從事小說寫作，如一九二〇年三月十一日致周作人信：「我們很
　　盼望豫才先生為《新青年》創作小說，請先生告訴他。」同年八月二十二日信：
　　「魯迅兄做的小說，我實在五體投地的佩服。」見水如編：《陳獨秀書信集》，
　　251、258頁，北京，新華出版社，1987。

　　我最初看見守常先生的時候，是在獨秀先生邀去商量怎樣進行
《新青年》的集會上，這樣就算認識了。不知道他其時是否已
是共產主義者。總之，給我的印象是很好的：誠實，謙和，不
多說話。《新青年》的同人中，雖然也很有喜歡明爭暗鬥，扶
植自己勢力的人，但他一直到後來，絕對的不是。[154]

寫下這段文字時，魯迅所面對的，只能是《新青年》時代「站在同一
戰線上的夥伴」李大釗的遺文了。面對著這「先驅者的遺產，革命史
上的豐碑」[155]，魯迅能不更加感懷昔日的戰友？

　　一年後，又一個《新青年》的夥伴劉半農去世。此前，魯迅與在
京的劉、錢、周、胡等《新青年》同人，其實已經相當隔膜了。可獲
悉這消息，魯迅還是很快寫出了聲情並茂的《憶劉半農君》，其中專
門提到劉在新文化運動時期「很打了幾次大仗」：

　　我已經忘記了怎麼和他初次會面，以及他怎麼能到了北京。他
到北京，恐怕是在《新青年》投稿之後，由蔡孑民先生或陳獨
秀先生去請來的，到了之後，當然更是《新青年》裡的一個戰
士。他活潑，勇敢，很打了幾次大仗。譬如罷，答王敬軒的雙
信，「她」字和「牠」字的創造，就都是的。這兩件，現在看
起來，自然是瑣屑得很，但那是十多年前，單是提倡新式標
點，就會有一大群人「若喪考妣」，恨不得「食肉寢皮」的時
候，所以的確是「大仗」。現在的二十左右的青年，大約很少
有人知道三十年前，單是剪下辮子就會坐牢或殺頭的了。然而

---

154 魯迅：《〈守常全集〉題記》，見《魯迅全集》，4卷，523頁。
155 同上書，524-525頁。

這曾經是事實。[156]

這還不夠，魯迅還專門為劉半農常被學界詬病的「淺」辯解：「不錯，半農確是淺。但他的淺，卻如一條清溪，澄澈見底，縱有多少沉渣和腐草，也不掩其大體的清。」由劉半農生發開來，魯迅無限深情地回憶起《新青年》的其他戰友：

> 《新青年》每出一期，就開一次編輯會，商定下一期的稿件。其時最惹我注意的是陳獨秀和胡適之。假如將韜略比作一間倉庫罷，獨秀先生的是外面豎一面大旗，大書道：「內皆武器，來者小心！」但那門卻開著的，裡面有幾枝槍，幾把刀，一目了然，用不著提防。適之先生的是緊緊的關著門，門上黏一條小紙條道：「內無武器，請勿疑慮。」這自然可以是真的，但有些人──至少是我這樣的人──有時總不免要側著頭想一想。半農卻是令人不覺其有「武庫」的一個人，所以我佩服陳胡，卻親近半農。[157]

值得注意的是，這裡對陳、胡、劉三人的描述，既貼切，又友善，並無特別嘲諷的意味。看來，即便堅強如魯迅先生，懷舊的心情依舊戰勝了一時的政治紛爭。

同樣面對劉半農的突然去世，錢玄同先是發表《亡友劉半農先生》，表揚其果敢以及「常常做白話新詩」；後又撰長篇輓聯，上聯涉及其提倡文學革命的業績：

---

156 魯迅：《憶劉半農君》，見《魯迅全集》，6卷，71頁。
157 同上書，71-72頁。

> 當編輯《新青年》時，全仗帶情感的筆鋒，推翻那陳腐文章，
> 昏亂思想；曾仿江陰「四句頭山歌」，創作活潑清新的《揚鞭》
> 《瓦釜》。回溯在文學革命旗下，勳績弘多；更於世道有功，
> 是痛詆乩壇，嚴斥「臉譜」。[158]

至於劉半農另一位好友周作人，也在《人間世》上撰文，稱讚「半農
的真」，以及「半農的雜學」。不過，具體敘述時，仍舊在《新青年》
上做文章：

> 民國六年春間我來北京，在《新青年》中初見到半農的文章，
> 那時他還在南方，留下一種很深的印象，這是幾篇《靈霞館筆
> 記》，覺得有清新的生氣，這在別人筆下是沒有的。[159]

蔡元培也在《哀劉半農先生》中提及「先生在《新青年》上提倡白話
詩文」，更強調半農兼有科學家的「收斂」與文學家的「放任」。[160]

　　如果再加上兩年後魯迅去世，蔡元培、周作人、錢玄同等人紛紛
撰寫悼念文章，不約而同重提《新青年》時期的親密接觸，短短幾年
間，竟然集中了這麼多以《新青年》為背景的悼亡或懷舊之作。而不
管是追憶者，還是被追憶者，均為當時知名度極高的文人學者；不難
想像，作為貫穿線索的《新青年》，如何因此激起好奇心及閱讀熱
情。正是在此背景下，一九三六年，上海亞東圖書館和求益書社聯合
推出重印本《新青年》。

---

158 錢玄同：《亡友劉半農先生》，載（北平）《世界日報・國語周刊》，1934-07-21；
　　《劉半農先生挽詞》，載（北平）《世界日報・國語周刊》，1934-10-13。
159 知堂：《半農紀念》，載《人間世》，18期，1934年12月。
160 蔡元培：《哀劉半農先生》，載《人間世》，10期，1934年8月。

　　約略與此同時，身陷囹圄的「五四新文化運動總司令」陳獨秀，
也引起世人的普遍關注。亞東圖書館不失時機地將《新青年》上陳獨
秀的文章彙編成冊，以《獨秀文存》名目出版（1933年），並敦請德
高望重的蔡元培撰寫序言。蔡序提及陳獨秀任北大文科學長後，如何
與沈尹默、錢玄同、劉半農、周作人、胡適等密切配合，在《新青
年》上發起新文化運動。接下來，蔡先生這樣評價陳獨秀的文章：

> 這部文存所存的，都是陳君在《新青年》上發表過的文，大抵
> 取推翻舊習慣、創造新生命的態度；而文筆廉悍，足藥拖沓含
> 糊等病；即到今日，仍沒有失掉青年模範文的資格。我所以寫
> 幾句話，替他介紹。[161]

既想保護陳獨秀的安全，也希望忠實於歷史，在此前後，蔡元培多次
在文章中刻意強調陳獨秀在新文化運動中的巨大貢獻。[162]
　　一九三七年八月下旬，陳獨秀因抗戰爆發而提前出獄。三個月
後，陳撰《我對於魯迅之認識》，回憶此前一年去世的魯迅，也是從
《新青年》落筆：

> 魯迅先生和他的弟弟啟明先生，都是《新青年》作者之一，雖
> 然不是最主要的作者，發表的文字也很不少，尤其是啟明先
> 生；然而他們兩位，都有他們自己獨立的思想，不是因為附和
> 《新青年》作者中那一個人而參加，所以他們的作品在《新青

161 蔡元培：《〈獨秀文存〉序》，見《蔡元培全集》，6卷，271頁，北京，中華書局，
　　1988。
162 除上述《〈中國新文學大系〉總序》，還有《我在北京大學的經歷》及《我在教育界
　　的經驗》等。

年》中特別有價值，這是我個人的私見。[163]

此文之所以值得格外關注，不只是因其表揚魯迅的先進思想與幽默文章，更使得我們所勾勒的一九三三至一九三七年間《新青年》同人的「大聚會」，得到完滿的結局。

當然，此後周作人以及胡適的「《新青年》敘事」還在繼續；但即便只有二十世紀三〇年代的這些敘事，已經足夠讓《新青年》流芳千古了。微拉・施瓦支在《中國的啟蒙運動——知識分子與五四遺產》中，提到變幻莫測的「五四『回憶史』」，即五四運動的參加者、觀察者和批評者都是「有選擇地運用他們的回憶」：

> 每當救國的壓力增強時，他們更多地回憶政治方面的內容；每當社會氣氛有利於實現知識分子解放的目標時，他們就回憶適應啟蒙的需要開展的文化論戰。[164]

回憶過去，往往是為了展望未來；五四運動實在太有名了，不免被各家各派所利用。寓言化、神話化、象徵化「五四運動」的同時，也意味著這一段歷史被工具化。

可仔細考辨，會發現一個有趣的現象：關於五四運動或新文化歷史的敘述，各家之間差異最小的，是關於《新青年》部分。舉個例子，美國學者周策縱一九六〇年在哈佛大學出版社推出的《五四運動：現代中國的思想革命》，與中國學者彭明一九八三年初版、一九

---

163 陳獨秀：《我對於魯迅之認識》，見《陳獨秀文章選編》，下冊，564頁，北京，生活・讀書・新知三聯書店，1984。

164 〔美〕微拉・施瓦支：《中國的啟蒙運動——知識分子與五四遺產》，李國英等譯，307頁，太原，山西人民出版社，1989。

九八年修訂的《五四運動》，政治觀念與史學訓練差別很大，但前者
的第三章「運動的開始階段：初期的文學和思想活動」與後者的第五
章「啟封建之蒙──『五四』前的新文化運動」，對於《新青年》的
創辦經過及歷史功績的描述，卻頗為接近。[165]其實，道理很簡單，因
為《新青年》同人的自我建構已經相當完整[166]，不容你隨便扭曲。

　　談論《新青年》之歷史功績，無論是從文學史，還是從思想史、
政治史角度立論，會有相當明顯的差異。本文綜合考慮《新青年》同
人的自我定位、後世史家的持續研究，以及我對「五四神話」的獨特
理解，希望兼及思想史與文學史──首先將《新青年》還原為「一代
名刊」，在此基礎上，發掘其「思想史視野中的文學」所可能潛藏的
歷史價值及現實意義。

---

165 參見周策縱：《五四運動：現代中國的思想革命》，周子平等譯，第三章，南京，江
　　蘇人民出版社，1996；彭明：《五四運動》，第五章，北京，人民出版社，1998。
166 「完整」不等於「完美」，作為當事人，《新青年》同人的「文學革命敘事」，自有
　　其無法避免的盲點。比如，過於強調「反叛」與「斷裂」，否定晚清文學改良的作
　　用；對於《學衡》諸君以及所謂《禮拜六》派的譏諷，也有言過其實甚至強詞奪理
　　的地方。

分裂的趣味與抵抗的立場[*]
——魯迅的述學文體及其接受

在二十世紀中國，作為思想家及文學家的魯迅，其業績始終得到極大的肯定；而作為學者的魯迅，則相對不太受重視。《中國小說史略》的開創意義固然得到學界的普遍認可，並在相關著述中被不斷引用；但魯迅的學術理想、治學方法，乃至其別具一格的述學文體，並未引起足夠的關注。

兼具思想家、文學家與學問家的魯迅，其對於述學文體的選擇，以及這種選擇被認可的程度，與現代中國學術進程密不可分。因此，本文所論，不純以魯迅為限，而是希望借描述魯迅述學文體的來龍去脈，凸顯現代中國學術歷來被忽視的另一側面。

一 文體家的別擇

一九三三年三月，魯迅撰寫日後被學界經常徵引的《我怎麼做起小說來》。作家如此坦率地自報家門，且所論大都切中肯綮，難怪研究者大喜過望。其中最受關注的，除了「說到『為什麼』做小說罷，我仍抱著十多年前的『啟蒙主義』，以為必須是『為人生』，而且要改良這人生」，再就是關於「文體家」的自述：

---

[*]

> 我做完之後，總要看兩遍，自己覺得拗口的，就增刪幾個字，
> 一定要它讀得順口；沒有適宜的白話，寧可引古語，希望總有
> 人會懂，只有自己懂得或連自己也不懂的生造出來的字句，是
> 不大用的。這一節，許多批評家之中，只有一個人看出來了，
> 但他稱我為 Stylist。[1]

最早將魯迅作為文體家（Stylist）來表彰的，當屬黎錦明的《論體裁描寫與中國新文藝》。可黎氏此文將 Stylist 譯為體裁家，將「體裁的修養」與「描寫的能力」分開論述，強調好的體裁必須配合好的描寫，並進而從描寫的角度批評傷感與溢惡，誇張與變形等。[2]後者所涉及的，本是文體學所要解決的難題，如今都劃歸了「描寫」，那麼，所謂的「體裁」，已經不是 Style，而是 Gener——這從黎氏關於章回小說《儒林外史》的辨析中，也不難看出。倒是魯迅關於 Stylist 的解讀，接近英文本身的含義。[3]黎氏對 Stylist 的誤讀，其實很有代表性，因古代中國作為文章體式的「文體」，與西學東漸後引進的探究語言表達力的「文體」（Style），二者之間名同實異，但又不無相通

---

1 魯迅：《我怎麼做起小說來》，見《魯迅全集》，4卷，512-513頁。

2 黎錦明《論體裁描寫與中國新文藝》（載《文學周報》，5卷2期，1927年8月）稱：「西歐的作家對於體裁，是其第一安到著作的路的門徑，還竟有所謂體裁家（Stylist）者。……我們中國文學，從來就沒有所謂體裁這名詞，到現在還是沒有。我們的新文藝，除開魯迅、葉紹鈞二三人的作品還可見到有體裁的修養外，其餘大都似乎隨意的把它掛在筆頭上。」

3 韋勒克和沃倫合著的《文學理論》第十四章「文體和文體學」稱：「文體學研究一切能夠獲得某種特別表達力的語言手段，因此，比文學甚至修辭學的研究範圍更廣大。所有能夠使語言獲得強調和清晰的手段均可置於文體學的研究範疇內：一切語言中，甚至最原始的語言中充滿的隱喻；一切修辭手段；一切句法結構模式。」見〔美〕韋勒克、沃倫：《文學理論》，劉象愚譯，191頁，北京，生活·讀書·新知三聯書店，1984。

處。直到今天，中國學界之談論文體，仍很少僅局限於語言表達，而往往兼及文類。[4]

如此半中不西——或者說中西兼顧——的批評術語，使我們得以將「Stylist」的命名，與「新形式」的論述相勾連。就在黎氏撰文的前幾年，沈雁冰發表《讀〈吶喊〉》，讚揚魯迅在小說形式方面的創新：

> 在中國新文壇上，魯迅君常常是創造「新形式」的先鋒；《吶喊》裡的十多篇小說幾乎一篇有一篇新形式，而這些新形式又莫不給青年作者以極大的影響，必然有多數人跟上去試驗。[5]

魯迅沒有直接回應茅盾關於其小說「一篇有一篇新形式」的評述，但在《故事新編》的序言裡，稱此書「也還是速寫居多，不足稱為『文學概論』之所謂小說」，[6]除順手回敬成仿吾的批評，也隱約可見其挑戰常識、不以「文學概論」為寫作圭臬的一貫思路。

你可以說沈從文、張天翼是文體家，那是指其小說體式的講究；

---

4 二十世紀三〇年代修辭學家陳望道撰《修辭學發凡》，論及文體時稱，有八種分類方法：民族的分類、時代的分類、對象或方式上的分類、目的任務上的分類、語言的成色特徵上的分類、語言的排列聲律上的分類、表現上的分類，依寫說者個人的分類等。而作者最為關注的是第七種，即「表現上的分類」，包括「簡約和繁豐」「剛健和柔婉」「平淡和絢爛」「謹嚴和疏放」這四組八種體性。見陳望道：《修辭學發凡》，263頁，上海，上海教育出版社，2002。二十世紀九〇年代，申丹撰《敘述學與小說文體學研究》，區分文學文體學、功能文體學、話語文體學、社會歷史／文化文體學等。論及狹義的文體即文學文體時，作者稱：「包括文學語言的藝術性特徵（即有別於普通或實用語言的特徵）、作品的語言特色或表現風格、作者的語言習慣、以及特定創作流派或文學發展階段的語言風格等。」見申丹：《敘述學與小說文體學研究》，73頁，北京，北京大學出版社，2001。如果局限在文學文體學，論者一般都會兼及體裁、語體、風格三個層面，而不僅僅是語言分析。

5 雁冰：《讀〈吶喊〉》，載《時事新報·學燈》，1923-10-08。

6 魯迅：《〈故事新編〉序言》，見《魯迅全集》，2卷，342頁。

你也可以說茅盾的《子夜》《白楊禮讚》和《中國神話研究》各具特色，可那是由體裁決定的。明顯的文體意識，使得魯迅所撰，即便同是小說、詩歌、散文、雜文，表達方式也都很不一樣。更重要的是，這一「文體感」背後，有明顯的文化關懷。

漢魏以降，中國人喜歡講文章體式。[7]合體式而又能創新，這才是真正的文學創造。可幾乎所有的「文章辨體」，都側重歷史溯源，而非邏輯分析，故顯得靈活有餘，精確不足。這裡有中國人的思維習慣──重視具體經驗，而不太擅長抽象思辨；但很可能還隱含著一種重要思路──任何大作家的出現，都可能打破常規，重建文類邊界。金人王若虛《滹南遺老集》卷三七《文辨》中有一妙語，大致表明了「文章辨體」的意義及邊界：「或問文章有體乎？曰：無。又問無體乎？曰：有。然則果何如？曰：定體則無，大體則有。」

認定「凡有文章，倘若分類，都有類可歸」的魯迅[8]，關注的是那些不太守規矩、著力於另闢蹊徑的作品。比如，表彰俄國的《十二個》以及日本的《伊凡和馬理》，強調的都是其「體式」的「異樣」，或「格式很特別」。[9]魯迅本人的寫作，同樣以體式的特別著稱，比如作為小說的《故事新編》，以及散文詩《野草》。《野草》最初連載於《語絲》時，是被視為散文的（雖然其中《我的失戀》標明「擬古的新打油詩」，《過客》則是劇本形式，可以直接轉化為舞臺演出）。等到魯迅自己說：「有了小感觸，就寫些短文，誇大點說，就是散文詩」[10]，大家這才恍然大悟，異口同聲地談論起散文詩來。

---

7 最典型的，莫過於曹丕的《典論・論文》：「夫文本同而末異，蓋奏議宜雅，書論宜理，銘誄尚實，詩賦欲麗。」

8 魯迅：《〈且介亭雜文〉序言》，見《魯迅全集》，6卷，3頁。

9 魯迅：《〈十二個〉後記》，見《魯迅全集》，7卷，301頁；《馬上日記之二》，見《魯迅全集》，3卷，342頁。

10 魯迅：《〈自選集〉自序》，見《魯迅全集》，4卷，456頁。

　　魯迅曾自嘲《朝花夕拾》乃是「從記憶中抄出來的」,「文體大概很雜亂」。[11]其實,該書首尾貫通,一氣呵成,無論體裁、語體還是風格,並不蕪雜。要說文體上「很雜亂」的,應該是指此前此後出版的雜感集。《且介亭雜文》中的《憶韋素園君》《憶劉半農君》《阿金》等,乃道地的散文,可入《朝花夕拾》;《準風月談》中的《夜頌》《秋夜紀遊》則是很好的散文詩,可入《野草》。至於《門外文談》,筆調是雜文的,結構上卻近乎著作。[12]文章體式不夠統一,或者說不太理會時人所設定的各種文類及文體邊界,此乃魯迅著述的一大特徵。

　　輪到魯迅為自家文章做鑒定,你會發現,他在「命名」時頗為躊躇。翻閱收入人民文學出版社一九八一年版《魯迅全集》第四卷的《魯迅著譯書目》、第七卷的《自傳》、第八卷的《魯迅自傳》和《自傳》,其中提及短篇小說、散文詩、回憶記、纂輯以及譯作、著述等,態度都很堅決;但在如何區分「論文」和「短評」的問題上,則始終拿不定主意。

　　稱《墳》為「論文集」,以便與《熱風》以降的「短評」相區別,其實有些勉強。原刊《河南》的《人之歷史》等四文,確係一般人想像中的「論文」;可《看鏡有感》《春末閒談》《燈下漫筆》以及《雜憶》等,從題目到筆法,均類似日後聲名顯赫的「雜感」。將《墳》的前言後記對照閱讀,會覺得很有意思。後者稱,「在聽到我的雜文已經印成一半的消息的時候」,顯然當初魯迅是將此書作為「雜文」看待,而不像日後那樣將其斷為「論文集」;前者則乾脆直面此書體例上的不統一:「將這些體式上截然不同的東西」合在一

---

11 魯迅:《〈朝花夕拾〉小引》,見《魯迅全集》,2卷,230頁。

12 「聽說今年上海的熱,是六十年來所未有的」這樣的開篇,確實不像學術論文。可這十二則發表在《申報·自由談》上的系列短文,有完整的理論構思,非尋常雜感可比。一九三五年,此系列短文加上其他關於語文改革的四篇文章,合為《門外文談》一書,由上海天馬書店單獨刊行。

起，只是一般意義上的文章結集，並沒有什麼冠冕堂皇的理由。[13]反過來，日後魯迅出版眾多「雜感集」，其中不難找到「違規者」。在《二心集》的序言中，魯迅稱：「此後也不想再編《墳》那樣的論文集，和《壁下譯叢》那樣的譯文集」，於是百無禁忌，在這回「雜文的結集」裡，連朋友間的通信「也擅自一併編進去了」。[14]其實，不只是朋友間的通信，《二心集》裡，除作為主體的雜感外，既有論文（如《硬譯與文學的階級性》）、演講（如《上海文藝之一瞥》）、傳記（如《柔石小傳》），也有譯文（如《現代電影與有產階級》）、答問（如《答北斗雜誌問》）、序跋（如《〈藝術論〉譯本序》）等，幾乎無所不包。

同樣以說理而不是敘事、抒情為主要目標，「論文」與「雜文」的邊界，其實並非不可逾越。魯迅不願把這一可以約略感知但又很難準確描述的「邊界」絕對化，於是採用「編年文集」的辦法，避免因過分清晰的分類而割裂思想或文章。對於像魯迅這樣因追求體式新穎而經常跨越文類邊界的作家來說，這不失為一種有效的創舉。在《〈且介亭雜文〉序言》裡，魯迅進一步闡釋「分類」與「編年」兩種結集方式各自的利弊，強調「分類有益於揣摩文章，編年有利於明白時勢」。「只按作成的年月，不管文體，各種都夾在一處，於是成了『雜』」[15]——如此縱論「古已有之」的「雜文」，恰好與《〈墳〉題記》的立意相通。也就是說，魯迅談「雜文」，有時指的是「不管文體」的文章結集方式，有時講的又是日漸「侵入高尚的文學樓臺去的」獨立文類。[16]

---

13 魯迅：《寫在〈墳〉後面》《〈墳〉題記》，見《魯迅全集》，1卷，282、3頁。

14 魯迅：《〈二心集〉序言》，見《魯迅全集》，4卷，189-192頁。

15 魯迅：《〈且介亭雜文〉序言》，見《魯迅全集》，6卷，3頁。

16 魯迅：《徐懋庸作〈打雜集〉序》，見《魯迅全集》，6卷，291頁。

　　學界在談論魯迅的雜文觀時，一般關注的是後者，即作為文類的「雜文」或「雜感」。像「論時事不留面子，砭錮弊常取類型」[17]；「我是愛讀雜文的一個人，而且知道愛讀雜文還不只我一個，因為它『言之有物』。我還更樂觀於雜文的開展，日見其斑斕。第一是使中國的著作界熱鬧，活潑；第二是使不是東西之流縮頭；第三是使所謂『為藝術而藝術』的作品，在相形之下，立刻顯出不死不活相」[18]；以及「不錯，比起高大的天文臺來，『雜文』有時確很像一種小小的顯微鏡的工作，也照穢水，也看膿汁，有時研究淋菌，有時解剖蒼蠅。從高超的學者看來，是渺小，污穢，甚而至於可惡的，但在勞作者自己，卻也是一種『嚴肅的工作』，和人生有關，並且也不十分容易做」[19]等，這些都是常被魯迅研究者引用的「絕妙好辭」。我想提請注意的是，作為文章結集方式的「雜文」，即「不管文體」導致的不同文類之間的相互影響與滲透。

　　在《〈華蓋集〉題記》《〈華蓋集續編〉小引》《〈三閒集〉序言》《〈偽自由書〉前記》等文中，魯迅明明將自家寫作命名為「雜感」「雜文」，可為何在各類自述文字中，卻又改用面目模糊的「短評」？是否因意識到《華蓋集》等其實是以「雜文」為主體的「編年文集」，而不是文章分類意義上的「雜文集」，並因此做了區分，目下不得而知。但魯迅的「短評」集之兼及雜文、散文、論文、書信、日記等文類這一事實，提醒我們注意魯迅文章的豐富性，以及魯迅「文體」的多樣性。蘇聯漢學家謝曼諾夫很早就提及這一點：「把魯迅的作品和中國現代文學放在一起研究，就能特別明顯地看出他作品的思

---

17 魯迅：《〈偽自由書〉前記》，見《魯迅全集》，5卷，4頁。

18 魯迅：《徐懋庸作〈打雜集〉序》，見《魯迅全集》，6卷，293頁。

19 魯迅：《做「雜文」也不易》，見《魯迅全集》，8卷，376頁。

想和藝術價值以及體裁的多樣化。」[20]如只是涉及魯迅短篇小說、散文詩、回憶記、雜文、散文等文類的成就，以及各文類內部的革新與變異，自茅盾以降，已有無數論述。我關心的是魯迅的「論文」與「雜文」之間錯綜複雜的關係，並希望將這一關注貫穿到語言層面。

二　論著、雜文與演講

同樣以文章名家，周氏兄弟的「文體感」以及寫作策略明顯有別：周作人是以不變應萬變，同一時期內的所有撰述，不管是翻譯還是創作，是散文還是專著，筆調基本一致。魯迅則很不一樣，不要說翻譯和創作不同，小說與散文不同，即便同是議論，雜文與論文的筆調，也都可能迥異。換句話說，讀周作人的文章，可以採用統一的視點，而且不難做到「融會貫通」；讀魯迅的作品，則必須不斷變換視點，否則，用讀雜文的眼光和趣味來讀論文，或者反之，都可能不得要領。後世關於魯迅的不少無謂的爭論，恰好起因於忽略了作為「文體家」的魯迅，其寫作既源於文類，而又超越文類。唯讀雜文，你會覺得魯迅非常尖刻；但反過來，唯讀論文和專著，你又會認定魯迅其實很平正通達。很長時間裡，我們習慣於將魯迅雜文裡的判斷，直接挪用來作為歷史現象或人物的結論，而忽略了雜文本身「攻其一點，不及其餘」的特徵。在尊崇魯迅的同時，違背了魯迅顧及全人與全文的初衷。[21]「文化大革命」期間編纂的三種魯迅言論集，即福建師範

20　〔蘇聯〕謝曼諾夫：《魯迅和他的前驅》，李明濱譯，102頁，長沙，湖南文藝出版社，1987。

21　在《「題未定」草（六）》中，魯迅這樣談論陶淵明：「這『猛志固常在』和『悠然見南山』的是一個人，倘有取捨，即非全人，再加抑揚，更離真實。」魯迅：《「題未定」草（六）》，見《魯迅全集》，6卷，422頁。

大學中文系編選的《魯迅論外國文學》（北京，外國文學出版社，1982）、中山大學中文系魯迅研究室編印的《魯迅論中國現代文學》（廣州，中山大學，1978）和廈門大學中文系所編的《魯迅論中國古典文學》（福州，福建人民出版社，1979），在給學界提供很大便利的同時，也留下了若干後遺症。除了「選本」和「語錄」的盛行，必定縮小讀者的眼光；更因其將論文、雜文以及私人通信等混編，很容易讓人忽略論者依據文類所設定的擬想讀者與論述策略，導致眾多無心的誤讀或「過度的闡釋」。這三種言論集目前使用者不多，但《魯迅全集》電子版的出現，使得檢索更為便利。於是，尋章摘句以及跨文類閱讀，使得上述問題更為嚴重。

除了專門著述，魯迅雜文中確實包含了大量關於古代中國以及現代中國的論述。這些論述，常為後世的研究者所引用。必須正視將魯迅雜文中的隻言片語奉為金科玉律的負面效果；但如果反過來完全否認蘊涵在魯迅雜文中的睿智的目光及精湛的見解，無疑也是一大損失。如何超越這一兩難境地，除了前面所說的顧及全人與全文外，很重要的一點是，必須將魯迅論敵的眼光包括在內——雜文作為一種文類，其補闕救弊的宗旨以及單刀直入的筆法，使得其自身必定是「深刻的片面」。所謂「好像評論做得太簡括，是極容易招得無意的誤解，或有意的曲解似的」[22]，魯迅的抱怨，主要針對的是讀者之缺乏通觀全域的目光和思路，而過於糾纏在個別字句或論斷上。雜文的主要責任在破天下妄念，故常常有的放矢；而論文追求「立一家之言」，起碼要求自圓其說。二者的目標與手段不同，難怪其對同一事件或人物作出截然不同的評價。完成《中國小說史略》和《中國小說的歷史的變遷》後，魯迅還在很多雜文中談論唐宋傳奇以及明清小

---

22 魯迅：《〈二心集〉序言》，見《魯迅全集》，4卷，191頁。

說。單看結論，你會發現二者之間存在很大的縫隙，但魯迅並沒有修訂舊作的意圖——《中國小說史略》的日譯本序提及馬廉和鄭振鐸的貢獻，也只是偏於資料訂正。假如你一定要把魯迅眾多雜文中對於林黛玉的譏諷[23]，作為魯迅對於中國小說的「新見解」來接納，而不是將其與梁實秋論戰的背景，以及對梅蘭芳自始至終的討厭考慮在內，很可能差之毫釐，失之千里。

更值得注意的是，在魯迅那裡，「文類意識」與「文體感」二者是密不可分的。《馬上日記之二》評說《伊凡和馬理》，兼及其「文法」與「體式」的「歐化」；《答 KS 君》批評《甲寅》，也是將「文言文的氣絕」與「前載公文，接著就是通信，精神雖然是自己廣告性的半官報，形式卻成了公報尺牘合璧」這樣「滑稽體式的著作」相勾連。[24]至於《墳》的前言後記，更是兼及「體式」（論文、雜文）與「文體」（文言、白話）的辨析。

並非混用概念而不自覺，而是有意識地將「體式」與「文體」掛鉤——魯迅這方面的思考，尚未得到學界的充分重視。《〈墳〉題記》中關於《摩羅詩力說》寫作過程的敘述，似乎只是個人經歷，帶有很大的偶然性。《河南》雜誌的編輯先生有一種怪脾氣，文章愈長稿費愈多；再加上受《民報》文風的影響，喜歡做怪句子和寫古字。[25]這一敘述，得到錢玄同、周作人回憶文章的證實。魯迅剛逝世，錢、周分別發表文章或答記者問。前者稱周氏兄弟跑到民報社聽章太炎講《說文解字》，目的是文字修養：「他們的思想超卓，文章淵懿，取材

---

23 參見《墳・論照相之類》《二心集・「硬譯」與「文學的階級性」》《二心集・宣傳與做戲》《花邊文學・略論梅蘭芳及其他（上）》《花邊文學・看書瑣記》和《集外集・文藝與政治的歧途》等。

24 魯迅：《馬上日記之二》，見《魯迅全集》，3卷，342頁；《答KS君》，見《魯迅全集》，3卷，112頁。

25 魯迅：《〈墳〉題記》，見《魯迅全集》，1卷，3頁。

謹嚴，翻譯忠實，故造句選辭，十分矜慎，然猶不自滿足，欲從先師了解故訓，以期用字妥帖」。[26]後者也提及當初「每星期日亦請太炎先生在東京民報社內講學」，緊接著補充道：「彼時先兄尚有出版雜誌之計劃，目的側重改變國人思想，已定名為《新生》，並已收集稿件。」[27]周氏兄弟早年的思想及文章受章太炎影響很深，這點學界早有定論。我想證明的是，這種影響，並非隨五四新文化運動的興起以及周氏兄弟的崛起於文壇而自動終結。尤其是對於「述學文體」的探索，章太炎的影響十分深遠。[28]

古代中國，不乏兼及文學與學術者，現代學者則很少這方面的追求。魯迅及其尊師太炎先生，應該說是少有的將「著述」作為「文章」來經營的。換句話說，魯迅之無愧於「文體家」稱號，應該包括其學術著述──除了學術見解，也牽涉文章的美感，以及文言與白話之間的調適。後人撰小說史著時，喜歡引魯迅的「隻言片語」，因其文辭優美，言簡意賅，編織進自家文章，有錦上添花的效果。其他人的論述（如胡適、鄭振鐸等），也有很精彩的，但引證者大都取其觀點，而不看中其審美功能。

晚清以降，隨著新教育的迅速擴張，學者們的撰述，包括了專著、演講、教科書等；而這三者之間的邊界，表面上壁壘森嚴，實際上很容易自由滑動。按理說，不同的擬想讀者和傳播途徑，必定影響作者的述學文體。可在實際操作中，好的系列演講，略加整理就可成書（如《中國小說的歷史的變遷》）；教科書若認真經營，搖身一變，又都成了專著（如《中國小說史略》）。專著需要深入，教科書講究條

---

26 錢玄同：《我對於周豫才君之追憶與略評》，載（北平）《世界日報》，1936-10-26。

27 周作人：《周作人談往事》，載（北平）《世界日報》，1936-10-20。

28 參見陳平原：《中國現代學術之建立》，第八章「現代中國的『魏晉風度』與『六朝散文』」；《作為「文章」的「著述」》，見《掬水集》。

理，演講則追求現場效果，魯迅很清楚這其間的縫隙。查有記載的魯迅演講達五十多次，可收入《魯迅全集》的只有十六篇，不全是遺失，許多是作者自願放棄——或因記錄稿不夠真切[29]，或因與相關文章略有重複。[30]只要入集的，即便是演講，也都大致體現了魯迅思考及表達的一貫風格。

但是，作為演講的《魏晉風度及文章與藥及酒之關係》和主要是案頭之作的《漢文學史綱要》，二者雖都有學術深度，可表達方式截然不同——後者嚴守史家立場，前者則多有引申發揮，現場感很強。《中國小說的歷史的變遷》共六講，乃魯迅一九二四年七月在西安講學時的記錄稿，經本人修訂後，收入西北大學出版部一九二五年印行的《國立西北大學、陝西教育廳合辦暑期學校講演集》（二）中。開頭與結尾，確係講演口吻；中間部分則頗多書面化的表述。[31]不過，即便如此，對比其專門著述，還是大有區別。談過了《官場現形記》，接下來便是《二十年目睹之怪現狀》：

> 這部書也很盛行，但他描寫社會的黑暗面，常常張大其詞，又不能穿入隱微，但照例的慷慨激昂，正和南亭亭長有同樣的缺點。這兩種書都用斷片湊成，沒有什麼線索和主角，是同《儒

---

29 在《〈集外集〉序言》中，魯迅稱：「只有幾篇講演，是現在故意刪去的。我曾經能講書，卻不善於講演，這已經是大可不必保存的了。而記錄的人，或者為了方音的不同，聽不很懂，於是漏落，錯誤；或者為了意見的不同，取捨因而不確，我以為要緊的，他並不記錄，遇到空話，卻詳詳細細記了一大通；有些則簡直好像是惡意的捏造，意思和我所說的正是相反的。凡這些，我只好當作記錄者自己的創作，都將它由我這裡刪掉。」魯迅：《〈集外集〉序言》，見《魯迅全集》，7卷，5頁。

30 參見朱金順：《魯迅演講資料鉤沉》，長沙，湖南人民出版社，1980；馬蹄疾：《魯迅講演考》，哈爾濱，黑龍江人民出版社，1981。

31 如「敬梓多所見聞，又工於表現，故凡所有敘述，皆能在紙上見其聲態；而寫儒者之奇形怪狀，為獨多而獨詳」云云，就不能說是口語實錄。

林外史》差不多的，但藝術的手段，卻差得遠了；最容易看出來的就是《儒林外史》是諷刺，而那兩種都近於謾罵。[32]

這段話，根基於《中國小說史略》中的如下表述：

> 其在小說，則揭發伏藏，顯其弊惡，而於時政，嚴加糾彈，或更擴充，並及風俗。雖命意在於匡世，似與諷刺小說同倫，而辭氣浮露，筆無藏鋒，甚且過甚其辭，以合時人嗜好，則其度量技術之相去亦遠矣，故別謂之譴責小說。其作者，則南亭亭長與我佛山人名最著。[33]

兩相比較，前者之接近口語，與後者的簡約典雅，形成鮮明對照。

演講與著述之間，如果只是文體差異，一通俗，一深邃，那問題還不是很大。真正值得關注的，是允不允許借題發揮。根據演講整理而成的《從幫忙到扯淡》，將屈原的《離騷》概括為「不得幫忙的不平」，宋玉則是「純粹的清客」，好在還有文采，故文學史上還是重要作家云云，[34]與《漢文學史綱要》關於「屈原及宋玉」的論述，便有天壤之別。《漢文學史綱要》第四篇論及屈原作《離騷》，毫不吝惜褒獎之辭：

> 逸響偉辭，卓絕一世。後人驚其文采，相率仿效，以原楚產，故稱「楚辭」。較之於《詩》，則其言甚長，其思甚幻，其文甚麗，其旨甚明，憑心而言，不遵矩度。故後儒之服膺詩教者，

---

32 魯迅：《中國小說的歷史的變遷》，見《魯迅全集》，9卷，335頁。
33 魯迅：《中國小說史略》，見《魯迅全集》，9卷，282頁。
34 魯迅：《從幫忙到扯淡》，見《魯迅全集》，6卷，344頁。

或訾而絀之，然其影響於後來之文章，乃甚或在三百篇以上。[35]

　　至於宋玉所撰《九辯》，「雖馳神逞想，不如《離騷》，而淒怨之情，實為獨絕」。[36]如此讚譽，哪有日後「清客」之類譏諷的影子。

　　如此「前言」不搭「後語」，與其說是思想演進，不如考慮文體的差異。談及魯迅的「偏激」，研究者有褒有貶，但多將其作為個人氣質，還有思維方式以及論述策略。[37]可除此之外，魯迅之喜歡說狠話，下猛藥，其實還有文體方面的制約。也就是說，容易衝動，言辭激烈，好走極端，乃雜文家的天性。論及自家雜感之所以顯得「偏激」，魯迅有這麼一段解釋：

> 說得自誇一點，就如悲喜時節的歌哭一般，那時無非藉此來釋憤抒情，現在更不想和誰去搶奪所謂公理或正義。你要那樣，我偏要這樣是有的；偏不遵命，偏不磕頭是有的；偏要在莊嚴高尚的假面上撥它一撥也是有的，此外卻毫無什麼大舉。名副其實，雜感而已。[38]

這裡的關鍵是「釋憤抒情」。為了對抗流俗，「偏不遵命」「偏要這樣」，如此思維及表達方式，明顯不同於史家所追求的「通古今之

---

35 魯迅：《漢文學史綱要》，見《魯迅全集》，9卷，370頁。

36 同上書，375頁。

37 要說魯迅的「偏激」有策略性的考慮，最合適的例子，莫過於拆屋子的比喻：「中國人的性情是總喜歡調和，折中的。譬如你說，這屋子太暗，須在這裡開一個窗，大家一定不允許的。但如果你主張拆掉屋頂，他們就會來調和，願意開窗了。沒有更激烈的主張，他們總連平和的改革也不肯行。」魯迅：《無聲的中國》，見《魯迅全集》，4卷，13-14頁。

38 魯迅：《〈華蓋集續編〉小引》，見《魯迅全集》，3卷，183頁。

變，成一家之言」。

　　學問須冷雋，雜文要激烈；撰史講體貼，演講多發揮──所有這些，決定了魯迅的撰述，雖有「大體」，卻無「定體」，往往隨局勢、論題、媒介以及讀者而略有變遷。

三　古書與口語的糾葛

　　將「體式上截然不同的東西」結集成書，最多只是個體例不純的問題，遠不如將古文和白話混編所可能導致的誤解嚴重。更何況，其時社會上出現「做好白話須讀好古文」的議論，而舉例為證的名人中，正好就有魯迅。魯迅稱：「這實在使我打了一個寒噤。別人我不論，若是自己，則曾經看過許多舊書，是的確的，為了教書，至今也還在看。因此耳濡目染，影響到所做的白話上，常不免流露出它的字句，體格來。但自己卻正苦於背了這些古老的鬼魂，擺脫不開，時常感到一種使人氣悶的沉重。」自認為「從舊壘中來，情形看得較為分明，反戈一擊，易制強敵的死命」，魯迅因此堅持「青年少讀，或者簡直不讀中國書」的說法，而且說，這是「用許多苦痛換來的真話，絕不是聊且快意，或什麼玩笑，憤激之辭」。[39]不談思想，單以文章論，魯迅也主張「博採口語」，而不是閱讀古書：

> 以文字論，就不必更在舊書裡討生活，卻將活人的唇舌作為源泉，使文章更加接近語言，更加有生氣。至於對於現在人民的語言的窮乏欠缺，如何救濟，使他豐富起來，那也是一個很大的問題，或者也須在舊文中取得若干資料，以供使役，但這並

---

39 魯迅：《寫在〈墳〉後面》，見《魯迅全集》，1卷，285-287頁。

不在我現在所要說的範圍以內，姑且不論。[40]

為什麼「也須在舊文中取得若干資料，以供使役」可以存而不論，那是因為，在魯迅眼中，中國思想界最大的危險在於「復古」；而最容易「復古」的，莫過於文章趣味。在約略同時的《古書與白話》中，魯迅繼續批駁不讀古書做不好白話之類的議論，堅稱：「古文已經死掉了；白話文還是改革道上的橋梁，因為人類還在進化。」[41]

對照周作人同時期的相關論述，你會發現，兄弟倆對於白話文運動勝利後所應採取的發展策略，有截然不同的設想。在五四新文化運動中，周作人將批判古文與提倡新思想捆綁在一起，態度同樣非常決絕。[42]可從一九二二年起，周作人的立場發生變化，先是在《國語改造的意見》中稱：「現在的普通語雖然暫時可以勉強應用，但實際上言詞還是很感缺乏，非竭力的使他豐富起來不可。這個補充方法雖有數端，第一條便是採納古語。」後又在《國語文學談》中表示：「五四前後，古文還坐著正統寶位的時候，我們的惡罵力攻都是對的」，如今白話成為正宗，有必要「把古文請進國語文學裡來」。[43]而更有名的，是為俞平伯《燕知草》所撰寫的跋語。在這篇文章中，周作人稱自家欣賞「有澀味與簡單味」因而「耐讀」的文章，落實到「文體」上，便應該是：

---

40 同上書，286頁。

41 魯迅：《古書與白話》，見《魯迅全集》，3卷，214頁。

42 如周作人在《思想革命》中稱：「我們反對古文，大半原為他晦澀難解，養成國民籠統的心思，使得表現力與理解力都不發達，但別一方面，實又因為他內中的思想荒謬，與人有害的緣故。」周作人：《思想革命》，見《談虎集》，上冊，上海，北新書局，1928。

43 周作人：《國語改造的意見》，見《藝術與生活》，57頁，長沙，嶽麓書社，1989；《國語文學談》，見《藝術與生活》，64-65頁。

> 以口語為基本，再加上歐化語，古文，方言等分子，雜糅調
> 和，適宜地或各齒地安排起來，有知識與趣味的兩重的統制，
> 才可以造出有雅致的俗語文來。[44]

一個關注「自己的園地」，在創造「有雅致的俗語文」的努力中，不避「古文」的介入；一個著眼於青年的未來，雖也承認總有一天文學家必須「在舊文中取得若干資料」，但當務之急是斷絕復古之路。應該說，這兩種策略各有其合理性。

朱光潛正是在表彰周作人成功的文體試驗這一點上，提醒讀者：「想做好白語文，讀若干上品的文言文或且十分必要。現在白話文作者當推胡適之、吳稚暉、周作人、魯迅諸先生，而這幾位先生的白話文都有得力於古文的處所（他們自己也許不承認）。」[45]未見同是新文化運動主將的周作人或胡適之對此說發表異議，只有敏感的魯迅不只「不承認」，還將此番言論與復古思潮聯繫起來，稱此乃「新文藝的試行自殺」。[46]

作為五四新文化運動的積極宣導者之一，魯迅之堅決捍衛白話文，自在情理之中。可在白話文已經成為現代中國的流行文體，文言文正迅速退出歷史舞臺的二十世紀二〇年代後期，還用如此「刻毒」的語言表達自己的隱憂，確實發人深省：

> 我總要上下四方尋求，得到一種最黑，最黑，最黑的咒文，先
> 來詛咒一切反對白話，妨害白話者。即使人死了真有靈魂，因
> 這最惡的心，應該墮入地獄，也將絕不改悔，總要先來詛咒一

---

44 周作人：《〈燕知草〉跋》，見《永日集》，78頁，長沙，嶽麓書社，1988。
45 明石（朱光潛）：《〈雨天的書〉》，載《一般》，1卷3號，1926年11月。
46 魯迅：《寫在〈墳〉後面》，見《魯迅全集》，1卷，287頁。

切反對白話，妨害白話者。[47]

這篇《〈二十四孝圖〉》，與上述的《古書與白話》和《寫在〈墳〉後面》，同樣寫作並發表於一九二六年，可以互相呼應。而對文言文死灰復燃的警惕，在魯迅看來，是與思想戰線上的反對復古主義聯繫在一起的。「我們此後實在只有兩條路：一是抱著古文而死掉，一是捨掉古文而生存。」[48]類似於這樣只下大判斷，而不屑於講道理的決絕而專斷的言論，在《魯迅全集》中可以找到不少。那是因為，在魯迅看來，「文言和白話的優劣的討論，本該早已過去了，但中國是總不肯早早解決的，到現在還有許多無謂的議論」[49]，實在是中國人的悲哀。

十年後，章太炎縱談「白話與文言之關係」，稱「以此知白話意義不全，有時仍不得不用文言也」；「白話中藏古語甚多，如小學不通，白話如何能好？」[50]此語引起白話文提倡者的不滿，並招來新文化人的若干批評。比如修辭學家陳望道便將此等「非深通小學就不知道現在口頭語的某音，就是古代的某音，不知道就是古代的某字，就要寫錯」的說法，嘲諷性地稱為「保守文言的第三道策」。[51]魯迅也對乃師之「把他所專長的小學，用得範圍太廣大了」表示不以為然，稱：「然而自從提倡白話以來，主張者卻沒有一個以為寫白話的主旨，是在從『小學』裡尋出本字來的，我們就用約定俗成的借字。……所以太炎先生的第三道策，其實是文不對題的。」[52]如此急

47 魯迅：《〈二十四孝圖〉》，見《魯迅全集》，2卷，251頁。

48 魯迅：《無聲的中國》，見《魯迅全集》，4卷，15頁。

49 同上書，14頁。

50 章太炎：《白話與文言之關係》，見章太炎主講、曹聚仁記述：《國學概論》，113-121頁，香港，學林書店，1971。

51 南山（陳望道）：《保守文言的第三道策》，載《太白》，2卷7期，1935年6月。

52 魯迅：《名人和名言》，見《魯迅全集》，6卷，361-364頁。

迫地捍衛白話文運動的勝利成果,除了思想史意義上的反復古外,還有文體學方面的探索。相對於警惕「『迎合大眾』的新幫閒」,魯迅更傾向於打擊所謂的「文言餘孽」。一九二六年之提倡「將活人的唇舌作為源泉,使文章更加接近語言,更加有生氣」,與一九三四年之主張「倘要中國的文化一同向上,就必須提倡大眾語,大眾文,而且書法更必須拉丁化」[53],二者之間,論題略有轉換,精神脈絡的一貫卻非常清晰。

但如果只是將魯迅描述成為「圍剿」古文的鬥士,則有失偏頗。因為,就在發表《寫在〈墳〉後面》等文的前兩年,魯迅出版了用文言撰寫的《中國小說史略》,而且,後記不只使用文言,還不加標點。一九三一年北新書局出版修訂本,雖說是「稍施改訂」,《題記》中也有若干謙辭,唯獨對其述學文體,未做任何反省。[54]不單如此,就在發表《寫在〈墳〉後面》等文的一九二六年,魯迅為廈門大學編寫中國文學史講義,使用的依舊還是文言。這部一九三八年編入《魯迅全集》時定名為《漢文學史綱要》的講義,無疑也是魯迅的重要著述。我們今天見到的魯迅的學術著述,數這兩部講義最完整。而偏偏這兩部著述,都是以文言撰寫的;而且寫於堅決主張青少年「要少──或者竟不──看中國書,多看外國書」[55]、反對青年作者從古文或詩詞中吸取養分的二十世紀二〇年代中期。在我看來,並非魯迅言行不一,或故作驚人語,而是基於其「體式」與「文體」相勾連的獨特思路──對應現實人生的「小說」或「雜文」,毫無疑問應該使用白話;至於談論傳統中國的「論文」或「專著」,以文言表述,或許更恰當些。

---

53 魯迅:《寫在〈墳〉後面》,見《魯迅全集》,1卷,286頁;《門外文談》,見《魯迅全集》,6卷,100頁。

54 魯迅:《〈中國小說史略〉題記》,見《魯迅全集》,9卷,3頁。

55 魯迅:《青年必讀書》,見《魯迅全集》,3卷,12頁。

四 直譯的主張與以文言述學

從政治史、思想史角度，或從文學史、教育史角度談論「讀古書」，因其思考的層次不同，完全可能發展出同樣合理但大相徑庭的工作目標及論述策略。我要追問的是，為何在白話文運動已經取得決定性勝利、在思想戰線時刻防止復古思潮得逞的二十世紀二〇年代中期，魯迅非要用文言著述不可？先看看魯迅本人的解釋：

> 此稿雖專史，亦粗略也。然而有作者，三年前，偶當講述此史，自慮不善言談，聽者或多不憭，則疏其大要，寫印以賦同人；又慮鈔者之勞也，乃復縮為文言，省其舉例以成要略，至今用之。[56]

老北大要求教師課前陸續提交講義，由校方寫印以供修課學生參考。查閱《魯迅日記》，多有往北京大學或北京女子高等師範學校寄講稿的記載；對照油印本講義與正式刊行本，魯迅小說史著的具體論述確有變異[57]，但述學文體卻始終如一。油印本的論述固然簡要，且多有疏漏，卻依舊是「文章」而非「大要」。至於所謂「慮鈔者之勞也，乃復縮為文言」的提法，容易讓人誤解存在著更為繁複的白話底稿或講義。無論如何，單從減輕鈔者工作量這一「平民立場」，無法解釋魯迅之以文言述學。

一九二七年，針對時人對於「非驢非馬的白話文」的批評，胡適曾做了如下辯解：這一弊病確實存在，原因有三：「第一是做慣古文的人，改做白話，往往不能脫胎換骨，所以弄成半古半今的文體。」

---

56 魯迅：《〈中國小說史略〉序言》，見《魯迅全集》，9卷，4頁。
57 參見陳平原：《魯迅的小說類型研究》，見《小說史：理論與實踐》，202-219頁。

比如梁啟超以及胡適自己，便都有這種毛病。「第二是有意夾點古文調子，添點風趣，加點滑稽意味。」比如吳稚暉、魯迅以及錢玄同，便有這種雅好。至於第三，說的是那些「學時髦的不長進的少年」。關於魯迅的文言著述，胡適是這麼解釋的：

> 魯迅先生的文章，有時是故意學日本人做漢文的文體，大概是打趣「《順天時報》派」的；如他的《小說史》自序。[58]

此說明顯不妥，雜文可能「打趣」，但哪有拿專門著述當兒戲的。《中國小說史略》的序言與正文二十八篇，筆調一致，屬於正經、嚴謹的學術文章，看不出有什麼「添點風趣，加點滑稽意味」的努力。

於是有了增田涉《魯迅的印象》中的新解。據說，增田涉曾就此問題請教魯迅，得到的答覆是：

> 因為有人講壞話說，現在的作家因為不會寫古文，所以才寫白話。為了要使他們知道也能寫古文，便那樣寫了；加以古文還能寫得簡潔些。[59]

學者們引申發揮，立足於魯迅針鋒相對的思維特徵以及韌性的戰鬥精神，將此舉解讀為「以其人之道還治其人之身」，以自家的古文修養來反襯《學衡》派等「假古董」的蒼白。[60]

---

58 胡適：《整理國故與「打鬼」》，見《胡適文存三集》，卷二，208頁，上海，亞東圖書館，1930。

59 〔日〕增田涉：《魯迅的印象》，見鍾敬文著譯：《尋找魯迅·魯迅的印象》，337頁，北京，北京出版社，2002。

60 參見單演義：《關於最早油印本〈小說史大略〉講義的說明》，見《魯迅小說史大略》，125頁，西安，陝西人民出版社，1981。

　　此說有點勉強，但不是毫無道理。一九一九年三月十八日，在《致〈公言報〉函並答林琴南函》中，針對北京大學盡廢古文而專用白話的批評，蔡元培校長如此答辯：

> 北京大學教員中，善作白話文者，為胡適之、錢玄同、周啟孟諸君。公何以證知為非博極群書，非能作古文，而僅以白話文藏拙者？胡君家世從學，其舊作古文，雖不多見，然即其所作《中國哲學史大綱》言之，其了解古書之眼光，不讓清代乾嘉學者。錢君所作之《文字學講義》《學術文通論》，皆古雅之古文。周君所譯之《域外小說》，則文筆之古奧，非淺學者所能解。然則公何寬於《水滸》《紅樓》之作者，而苛於同時之胡、錢、周諸君耶？[61]

《域外小說集》乃周氏兄弟合譯，要說「文筆之古奧」，乃兄明顯在乃弟之上。其實，對於那個時代的讀書人來說，撰寫古文不算什麼難事，反而是以通暢的白話述學，需要煞費苦心。這一點，胡適曾再三提及。古文可以套用舊調，白話則必須自有主張，正如周作人在《中國新文學的源流》第五講中所說的：「向來還有一種誤解，以為寫古文難，寫白話容易。據我的經驗說卻不如是：寫古文較之寫白話容易得多，而寫白話則有時實是自討苦吃。」[62]

　　魯迅的古文寫作能力，從來沒有受到質疑；反而是在談論「寫白話必須有古文修養」時，才會舉魯迅為例。即便需要證明自家的古文能力，有一《中國小說史略》足矣，何必一而再，再而三？除了《漢

---

61 蔡元培：《蔡元培全集》，3卷，271頁，北京，中華書局，1984。

62 周作人：《中國新文學的源流》，訂正三版，111頁，北平，人文書店，1934。

文學史綱要》，《唐宋傳奇集》的《稗邊小綴》也是使用文言文。一直到去世前一年撰寫《〈小說舊聞鈔〉再版序言》，魯迅還是採用文言。這時的魯迅，一代文豪的地位早已確立，更無必要向世人證明「也能寫古文」。因此，我猜測，魯迅說這段話時，帶有戲謔的成分。

閱讀人民文學出版社一九八一年版《魯迅全集》第十卷所收的古籍序跋，以及上海古籍出版社一九九一年版《魯迅輯校古籍手稿》，你會發現一個簡單的事實：當從學問的角度進入傳統中國的論述時，魯迅一般都用文言寫作。「古文還能寫得簡潔些」，這固然是事實，但似乎還有更深一層的思慮。

二十世紀二〇年代的中國，文言與白話之爭，在日常生活以及文學創作領域，已經塵埃落定：經由新文化人的不懈努力，胡適的預言——「白話文學之為中國文學之正宗，又為將來文學必用之利器」[63]，已基本成為事實。雖然文學家——尤其是新進的文學家，大都轉為以白話寫作，學術家——即便是受過嚴格學術訓練的留學生，也頗有繼續採用文言述學的。胡適的《中國哲學史大綱》所標舉的先引原文，後以白話解說的方法[64]，雖被後世大多數學者所接納，但不知不覺中，解說文字不再「明白如話」，而是略帶「混合散文的樸實與駢文的華美」的文言腔。[65]原因是，倘若正文（白話）的質樸清新與引語（文言）之靡麗奇崛之間落差過大，作者與讀者都會感覺不舒服。也許是耳濡目染，古書讀多了，落筆為文必定趨於「雅健」；但也不排除作者意識到此中隔閡，借調整文體來填平鴻溝。因而，研究傳統

---

63 胡適：《文學改良芻議》，載《新青年》，2卷5號，1917年1月。

64 胡適《中國哲學史大綱》（上海，商務印書館，1919）之《凡例》稱：「本書全用白話，但引用古書，還用原文；原文若不容易懂得，便用白話作解說。」

65 借用周作人《〈苦竹雜記〉後記》（見《苦竹雜記》，上海，良友圖書印刷公司，1936）中對於理想文章的描述。

中國的文史學者，大都養成半文半白的述學文體。[66]至於像魯迅那樣，乾脆用白話寫小說、雜文，而用文言撰學術著作，並非絕無僅有——起碼錢鍾書也是採用這一策略。只是隨著教育體制的變化，二十世紀五〇年代以後接受高等教育或進入學界者，很少再以文言述學。除了個人修養不夠，還有發表園地的問題。二十世紀八〇年代的《讀書》雜誌，以及二十世紀九〇年代的《中國文化》和《學術集林》，偶而發表一兩則古文或駢文，但不是先賢遺作，就是作者年已耄耋，且多為序跋之類。

以文言述學，很快將成為歷史。當代中國學者中，有此訓練和雅趣的，絕無僅有。即便有人決心繼絕學，也很難進入現行的學術評價體系，因而無法長久生存。對於這麼一種幾乎注定要消失的述學文體，與其刻意追摹其外表，不如體貼其內在精神。

談論魯迅之以文言述學，不妨放開眼界，引入魯迅對於「直譯」的提倡。就像梁啟超說的，「翻譯文體之問題，則直譯意譯之得失，實為焦點」。[67]因為，這是不同時代所有翻譯家都必須直面的難題。至於到底何者為重，其實沒有標準答案，取決於你的工作目的。

研究中國現代文學的，大都記得一九二九年年底一九三〇年年初魯迅與梁實秋關於翻譯策略的論爭。先是梁實秋撰文批評「文筆矯健如魯迅先生」，因主張「硬譯」而近於「死譯」，其譯文「簡直是晦澀，簡直是難解」，「專就文字而論，有誰能看得懂這樣希奇古怪的句法呢？」結論是：「我們人人知道魯迅先生的小說和雜感的文筆是何等的簡練流利，沒有人能說魯迅先生的文筆不濟，但是他的譯卻離

---

66 參見陳平原：《現代中國的述學文體——以「引經據典」為中心》，載《文學評論》，2001（4）。

67 梁啟超：《翻譯文學與佛典》，見《梁任公近著第一輯》，中卷，104頁，上海，商務印書館，1923。

『死譯』不遠了。」⁶⁸對於如此嚴重的指責，魯迅的反駁，當然不會假以辭色。在《「硬譯」與「文學的階級性」》一文中，魯迅繼續為直譯辯解：

> 自然，世間總會有較好的翻譯者，能夠譯成既不曲，也不「硬」或「死」的文章的，那時我的譯本當然就被淘汰，我就只要來填這從「無有」到「較好」的空間罷了。⁶⁹

這裡的低姿態，乃是以退為進；接下來的，便是將戰火引到關於無產階級文學理論的評價。照理說，嚴復「信達雅」的翻譯標準很容易被大多數翻譯家所接受。譯作既不曲，也不死，當然是大好事。問題在於，假如這「理想的翻譯」一時無法實現，該選擇什麼樣的權宜之計：魯迅主張直譯（或曰「硬譯」），而梁實秋則希望能有更通順的翻譯。翻譯標準大同小異，分歧在於具體策略，為何演變成如此激烈的論戰？原因是，這裡的「翻譯」連著「文學的階級性」——作為導火索的，正是魯迅所譯蘇俄理論家盧那察爾斯基的《藝術論》和《文藝與批評》。⁷⁰

值得注意的是，選擇「直譯」而不是「意譯」，乃魯迅的長期戰略，而非一時之計。這方面，魯迅有很多精彩的論述，值得認真鉤稽。

從譯介《域外小說集》開始，魯迅始終反對為投合國人口味而「任情刪易」，主張「迻譯亦期弗失文情」。⁷¹之所以提倡不無流弊的

---

68 參見梁實秋：《論魯迅先生的「硬譯」》，載《新月》，2卷6、7號合刊，1929年9月；實秋：《答魯迅先生》，載《新月》，2卷9期，1929年11月。

69 魯迅：《「硬譯」與「文學的階級性」》，見《魯迅全集》，4卷，210頁。

70 參見王宏志：《重釋「信達雅」：二十世紀中國翻譯研究》，240-265頁，上海，東方出版中心，1999。

71 參見《域外小說集》一書的《略例》與《序言》，見《魯迅全集》，10卷，157、155頁。

「直譯」，有時甚至不太顧及國人的閱讀習慣，就因為在魯迅那裡，翻譯不僅僅是為了有趣的故事、進步的思想，還有新穎的文學樣式與技巧。這一選擇，包含著對於域外文學的體貼與敬重。晚清小說界之貶斥直譯，推崇意譯，其實隱含著某種根深蒂固的偏見，即對域外小說藝術價值的懷疑：「那種漫不經心的『意譯』，除譯者的理解能力外，很大原因是譯者並不尊重原作的表現技巧，甚至頗有聲稱竄改處優於原作者。這就難怪隨著理論界對域外小說的評價日漸提高，翻譯家的工作態度才逐漸嚴肅起來，並出現魯迅等人直譯的主張和實踐。」[72]

魯迅之所以主張直譯，關鍵在於其認定翻譯的功能，「不但在輸入新的內容，也在輸入新的表現法」。[73]這樣一來，你從不符合中國的國情以及國人的閱讀習慣來橫加指責，就顯得有點牛頭不對馬嘴。因為，那個「閱讀習慣」，在魯迅看來，正是需要通過域外文學的「閱讀」來加以改造的。故此，儘管有各種指責，魯迅始終堅持其直譯的主張。如《〈苦悶的象徵〉引言》稱：「文句大概是直譯的，也極願意一併保存原文的口吻。」[74]《〈出了象牙之塔〉後記》說：「文句仍然是直譯，和我歷來所取的方法一樣；也竭力想保存原書的口吻，大抵連語句的前後次序也不甚顛倒。」[75]而在《關於翻譯的通信》和《「題未定」草（二）》中，魯迅再次強調：一面儘量的輸入，一面儘量的消化、吸收，不但在輸入新的內容，也在輸入新的表現方式；故凡是翻譯，必須兼顧兩面，一則力求其易解，一則保存原作的丰姿；譯文

---

72 陳平原：《二十世紀中國小說史》，1卷，39頁。

73 魯迅：《關於翻譯的通信》，見《魯迅全集》，4卷，382頁。

74 魯迅：《〈苦悶的象徵〉引言》，見《魯迅全集》，10卷，232頁。

75 魯迅：《〈出了象牙之塔〉後記》，見《魯迅全集》，10卷，245頁。

當「儘量保存洋氣」,「保存異國的情調」。[76]

寧可譯得不太順口,也要努力保存原作精悍的語氣[77],這一翻譯策略的選定,包含著對於洋人洋書的尊重;同理,對於古人古書的尊重,也體現在述學文體的選擇。一九八一年版《魯迅全集》第十卷,包括「古籍序跋集」和「譯文序跋集」兩部分。討論譯文,新文化運動以前循例採用文言,以後則全都採用白話,這很好理解。有趣的是,討論古籍時,魯迅竟然全部採用文言,甚至撰於一九三五年的《〈小說舊聞鈔〉再版序言》也不例外。辨析傳統中國學術時,棄白話而取文言,這與翻譯域外文章時儘量保存原有的語氣,二者異曲同工。或許,在魯迅看來,一個民族、一個時代的文學或學術精神,與其所使用的文體血肉相連。換句話說,文學乃至學術的精微之處,不是借助、而是內在於文體。

剝離了特定文體的文學或學術,其精彩程度必定大打折扣。關鍵不在直白的口語能否勝任古典學問的講述(起碼《朱子語類》的魅力無法抹殺),而在於閱讀、研究、寫作時的心態。假如研究傳統中國,毫無疑問必須「尚友古人」;若文體過於懸殊,很難做到陳寅恪所說的「神遊冥想,與立說之古人,處於同一境界」。現代人做學問,容易做到的是「隔岸觀火」,或「居高臨下」,反而難得真正的「體貼」與「同情」。正是有感於此,陳寅恪方才借評說馮友蘭的《中國哲學史》,要求論者對於古人「持論所以不得不如是之苦心孤

---

76 魯迅:《關於翻譯的通信》,見《魯迅全集》,4卷,383頁;《「題未定」草(二)》,見《魯迅全集》,6卷,352頁。

77 這一點,周作人很有同感。在其譯述的《點滴》(北京,北京大學出版部,1920)一書的序言中,周作人同樣強調「直譯的文體」,稱譯文應該「不像漢文」,「因為原是外國著作,如果同漢文一般樣式,那就是隨意亂改的糊塗文,算不了真翻譯。」「應當竭力保持原作的風氣習慣語言條理,最好是逐字譯,不得已也應逐句譯,寧可『中不像中,西不像西』,不必改頭換面。」

詣，表一種之同情，始能批評其學說之是非得失，而無隔閡膚廓之論」。[78]許多研究中國文史的老學者之所以喜歡使用淺白文言或半文半白的語調述學，包含著貼近研究對象，以便更好地實現精神上的溝通與對話——當你用文言思考或述學時，比較容易濾去塵世的浮躁，沉入歷史深處，「與立說之古人，處於同一境界」。

對於研究傳統中國文史的學者來說，沉浸於古老且幽雅的文言世界，以至在某種程度上脫離與現實人生的血肉聯繫，或許是一種「必要的喪失」。正因為魯迅徘徊於學界的邊緣[79]，對現實人生與學問世界均有相當透徹的了解，明白這種「沉進去」的魅力與陷阱，才會採取雙重策略：在主要面向大眾的「雜文」中，極力提倡白話而詛咒文言；而在討論傳統中國的著述裡，卻依舊徜徉於文言的世界。

世人之談論「文體家」的魯迅，主要指向其小說創作；而探究「魯迅風」者，又大都局限於雜文。[80]至於魯迅的「述學之文」，一般只從知識增長角度論述，而不將其作為「文章」來辨析。而我除了讚賞《中國小說史略》在現代中國學術史上的貢獻，還喜歡其述學文體。在我看來，二十世紀中國學術史上，章太炎的《國故論衡》、梁啟超的《清代學術概論》以及魯迅的《中國小說史略》，都是經得起再三閱讀與品味的「好文章」。

不承認其白話文寫作得益於古文修養的魯迅先生，肯定無法預料到，在「魯迅走在《金光大道》上」的十年「文化大革命」期間，很

---

78 陳寅恪：《馮友蘭〈中國哲學史〉上冊審查報告》，見《金明館叢稿二編》，247頁，上海，上海古籍出版社，1980。

79 參閱陳平原：《作為文學史家的魯迅》，載《學人》，4輯，南京，江蘇文藝出版社，1993；此文由中島長文先生譯成日文，載《飆風》，32號，1997年1月。

80 郜元寶《「胡適之體」和「魯迅風」》（載《學人》，13輯，南京，江蘇文藝出版社，1998）在語言表述層面抑胡揚魯，頗有聲色；但僅局限於魯迅雜文與胡適政論，未及其各自的述學之文，殊為可惜。

多年輕人正是借助於魯迅著作（主要是雜文）的閱讀，學會曲折幽深、半文半白的表達方式，並藉以顛覆空話連篇的「新華文體」。提倡少讀乃至不讀中國書的魯迅，竟成了引導青年進入古典世界（從歷史知識到文章趣味）的絕好嚮導，如此頗具反諷意味的「誤讀」，其實不無道理——現代中國作家中，確實難得像魯迅那樣兼及強烈的現代意識與深厚的古典修養的。事過境遷，魯迅當年大聲疾呼的如何「將活人的唇舌作為源泉」，早已不是問題；當代中國文章之吸納口語，儼然已成時尚。而且，在我看來，正日益顯示其弊端。與此相反，魯迅所急於擺脫的那個古典世界的陰影，對於年輕人來說，基本上不存在——不要說糾纏，連感知或想像都十分困難。正是基於此，讀者之欣賞魯迅文章，真的回到了朱光潛的思路。

不只如此，最近幾年，愈演愈烈的兼及文化與商業的懷舊時尚，年輕人必不可少的逆反心理，學界對於當代中國作家語言能力的質疑，還有關於五十年來教育體制以及課程建設的反省等，不知不覺地，竟匯成了一種思潮——重新召喚並審視那本已消失在歷史深處的文言世界。學界的爭論不說，大眾的反應更值得關注。一九九九年由中國青少年基金會發起的「青少年古詩文誦讀工程」進展十分順利，至今仍廣受社會各界好評；二〇〇一年高考，一篇用淺白文言撰寫的作文《赤兔之死》獲得滿分，引起教育文化界的譁然；與此相映成趣的，是清代詞人納蘭性德成為少男少女追捧的對象。在我看來，這三件小事，預示著世人對於本來早已謝幕的文白之爭，會有新的理解與詮釋。[81]

對於生活在另一個時空、文化素質與魯迅截然不同的二十一世紀的中國人來說，如何看待百年來的文言與白話之爭，是個新出現的難題。但願不致陷入「撥亂反正」與「撥正反亂」的怪圈，而是能理智

---

81 參見陳平原：《當代中國的文言與白話》，載《中山大學學報》，2002（3）。

地看待「五四」新文化人——尤其是魯迅的精神遺產。在沒有找到「萬全之計」並因而「一語中的」之前，我希望考慮魯迅的策略：將文章的「體式」與「文體」扭結起來，綜合考察；而且兼及文學史與思想史的立場。

五　文體的「抵抗」

有「大體」而無「定體」的文章體式，既需要尊重，更需要超越。在晚清以降日益洶湧的西學大潮中，基於對西方「文學概論」的迷信，不少批評家習慣套用教科書上關於小說、詩歌、戲劇等文類的定義，並以此來規範中國作家的創作。魯迅對此傾向非常不滿，在很多場合裡表示不屑，除了拒絕進入神聖的「文學殿堂」，更有所謂「偉大也要有人懂」之類的責難，而且直接指向「留學生漫天塞地以來」這一外部環境。[82]

同屬留學生的魯迅，基於其一貫的懷疑精神以及自家的文學經驗，對教科書中凝定不變的文類界說很不以為然。在《徐懋庸作〈打雜集〉序》中，有這麼一段話：

> 我們試去查一通美國的「文學概論」或中國什麼大學的講義，的確，總不能發見一種叫作 Tsa-Wen 的東西。這真要使有志於成為偉大的文學家的青年，見雜文而心灰意懶：原來這並不是爬進高尚的文學樓臺去的梯子。托爾斯泰將要動筆時，是否查了美國的「文學概論」或中國什麼大學的講義之後，明白了小說是文學的正宗，這才決心來做《戰爭與和平》似的偉大的創

---

82 魯迅：《葉紫作〈豐收〉序》，見《魯迅全集》，6卷，220頁。

作的呢？我不知道。但我知道中國的這幾年的雜文作者，他的
作文，卻沒有一個想到「文學概論」的規定，或者希圖文學史
上的位置的，他以為非這樣寫不可，他就這樣寫，因為他只知
道這樣的寫起來，於大家有益。[83]

表面上是在為「雜文」這一文章體式爭地位，可體現的是魯迅的思維
特徵：質疑所有世人以為「理所當然」的大道理。「從來如此，就對
嗎？」「狂人」固執的追問，久久盤桓在魯迅等「五四」新文化人心
頭。這一追問，既指向思想，也指向文體。前者的意義，已經得到許
多研究者的再三掘發；反而是後者，不太為人關注。而在我看來，作
為一個時刻咀嚼、品味、琢磨「文字」的思想家、文學家，魯迅的懷
疑立場以及抵抗精神，不能不牽涉「文體」。換句話說，像魯迅這樣
以「抵抗」著稱於世者，其挑戰主流意識形態與拋棄社會普遍認可的
文類觀念，二者完全可能互相勾連。

　　對於傳統中國文化，魯迅有過十分激烈的抨擊，但也不無纏綿與
留戀，比如二十世紀三〇年代的談版畫、說箋紙，便與十年前的「肆
意踐踏」線裝書大不一樣。這裡有關注思想潮流與側重藝術趣味的分
野，但更重要的，還是其「對症下藥」的論述策略。刻意阻斷流行思
路，不為時尚所蠱惑，這種每時每刻的抵抗，針對的是世人各種各樣的
「迷思」。這一點，倒是與乃師章太炎的思路十分接近，章太炎在《致
國粹學報社書》中稱：「雖然，學術本以救偏，而跡之所寄，偏亦由
生。」[84]正視救偏之「偏」、除弊之「弊」，這一思路延伸下來，便是對
於日漸成為主流的「白話文」以及西方文學尺度，既堅持，又反省。

---

83 魯迅：《徐懋庸作〈打雜集〉序》，見《魯迅全集》，6卷，291頁。
84 章太炎：《致國粹學報社書》，見《章太炎政論選集》，498頁，北京，中華書局，
　　1977。

　　相對於「說什麼」的政治立場,「怎麼說」的文體選擇,更能顯示個人趣味。因而,表面上不太起眼的後者,在我看來,更為曲折幽深。一九二一年,葉聖陶曾撰文批評當時一些提倡白話文學的人,偶而還做文言文和舊詩詞,譏此舉為「骸骨之迷戀」。[85]此後,「骸骨之迷戀」便常被引用來形容守舊者之不能忘情過去。

　　可實際上,不少五四新文化人,對舊的文學樣式「不思量,自難忘」。不妨以朱自清對於舊詩的態度為例。生前親自編定《敝帚集》和《猶賢博弈齋詩鈔》,只是為了堅持新文化方向,朱自清從不公開發表舊體詩作。在「詩鈔」的《自序》裡,他做了這樣的表白:

> 惟是中年憂患,不無危苦之詞;偏意幽玄,遂多戲論之冀,未堪相贈,只可自娛,畫蚓塗鴉,題簽入笥,敢云敝帚之珍,猶賢博弈之玩云爾。[86]

作為入室弟子,王瑤在《念朱自清先生》中,對朱先生的這一舉措做了如下解釋:「他作為一個新詩人和古典詩歌的研究學者,深知『詩的傳統力量比文的傳統大得多,特別在形式上』;因此,新詩人在掙脫『舊鐐銬』,『尋找新世界』的過程中的每一個新的創造,都引起他近乎狂喜般的強烈反應」;也正因此,他拒絕發表或出版自家的舊體詩集。[87]有趣的是,朱自清的《猶賢博弈齋詩鈔》中,多有與葉聖陶的唱和之作——可見葉日後也無法擺脫此「骸骨之迷戀」。其實,這

---

85 參見斯提(葉聖陶):《骸骨之迷戀》,載《時事新報・文學旬刊》,19期,1921-11-12。

86 朱自清:《〈猶賢博弈齋詩鈔〉自序》,見《朱自清全集》,5卷,242頁,南京,江蘇教育出版社,1990。

87 王瑤:《念朱自清先生》,見《王瑤全集》,5卷,582-585頁,石家莊,河北教育出版社,2000。

種心態在「五四」新文化人中相當普遍。魯迅之撰舊體詩，僅限於題贈友人；郁達夫、郭沫若等則不只大寫特寫，而且公開刊行。可以說，或遲或早，那代文人極少能完全擺脫此誘惑的。

不僅僅是寫舊體詩，中國現代史上的「激進文人」，仍然保持優雅的文人趣味的，大有人在。所謂的「新中有舊」，有時是跟不上急劇變化的時代，有時則是刻意反叛時尚，二者不可同日而語。生活在紛繁複雜的現實世界，略顯矛盾與淩亂的人物，或許比過分整齊劃一者更為真實可信，也更可愛。比起思想家普遍存在的理性與情感的分裂、口號與趣味的歧異、外在形象與內心世界的矛盾來，文學家因其感受細膩，再加上表達時淋漓盡致，更容易呈現「自我分裂」的傾向。像魯迅這樣既是思想家又是文學家的偉人，其政治立場與文學趣味之間存在某種縫隙，實在是再正常不過的了。直面其性格中的多疑、幽暗、自省，以及表達時的隱喻、諷刺、象徵，對於我們走出符號化的「魯迅形象」，大有裨益。

在我看來，不願公開發表舊體詩詞的魯迅，其選擇「以文言述學」，同樣蘊涵著傳統文人趣味。[88]討論的是「傳統中國」，為追求與研究對象相吻合，故意採用文言，這是一方面；另一方面，如此選擇還有文章美感方面的考慮。同是討論《紅樓夢》，對比演講體的《中國小說的歷史的變遷》和著述體的《中國小說史略》，不難明白二者的差異。前者的說法是：「至於說到《紅樓夢》的價值，可是在中國底小說中實在是不可多得的。其要點在敢於如實描寫，並無諱飾，和從前的小說敘好人完全是好，壞人完全是壞的，大不相同，所以其中

---

88 在〔日〕荒井健主編的《中華文人の生活》（東京，平凡社，1994）最後一章，中島長文專門討論魯迅的「文人性」（參見該書587-625頁）。這裡的文人性，不是指「風流韻事」，而是傳統文人對於花木、圖書、版畫、畫像石、箋譜、古詩文等的欣賞乃至沉湎。

所敘的人物，都是真的人物。總之自有《紅樓夢》出來以後，傳統的思想和寫法都打破了。」後者則如此表述：「悲涼之霧，遍被華林，然呼吸而領會之者，獨寶玉而已。」「全書所寫，雖不外悲喜之情，聚散之跡，而人物事故，則擺脫舊套，與在先之人情小說甚不同。」「蓋敘述皆存本真，聞見悉所親歷，正因寫實，轉成新鮮。」[89]大意差不多，可文氣相去甚遠，後者明顯有「經營」文章的意味。

對於傳統中國學術精神的領悟，對於尼采等現代主義思想家及其著述的興趣[90]，對於自家生命體驗和藝術趣味的尊重，使得魯迅撰寫學術著作時，尊崇樸學，強調品味，輕視概論，懷疑體系。而所有這些，不能不影響其述學文體。是否採用文言述學，這是魯迅的個人選擇；《中國小說史略》的成功，不能歸結為「古文的魅力」。只是魯迅的選擇，讓我們明白問題的複雜性：即在學術表達領域，不能簡單地以文白斷死活。

修習中國現代文學的都知道，不只文言被判死刑，就連文言、白話「分而治之」的設計，也因被周作人、胡適譏為帶有明顯階級偏見，而聲名狼藉，一蹶不振。所謂強分「我們」士大夫和「他們」齊氓細民、「古文是為『老爺』用的，白話是為『聽差』用的」「上等人認漢字，念八股，做古文；下等人認字母，讀拼音文字的書報」[91]，凡此等等，說得過於乾脆俐落，黑白分明，迴避了問題的複雜性。

其實，制約著「文體」的，除了階級與政治，還有文類與學科。當初辨析文言白話各自利弊得失時，除了積極提倡白話與堅決捍衛文

---

89 參見《魯迅全集》，9卷，338、231-234頁。

90 尼采的著述方式，同樣不符合那個時代的「文學概論」或「哲學概論」。另外，魯迅對佛學的修養，也讓我們產生豐富的聯想——那種遵循「寫作手冊」而非自家生命體驗的著述，不是魯迅認可的學問境界。

91 參見周作人：《中國新文學的源流》，100頁；胡適：《〈中國新文學大系・建設理論集〉導言》，見《胡適全集》，12卷，274頁，合肥，安徽教育出版社，2003。

言的，還有第三種聲音，那就是既積極推行白話，又不完全排斥文言。如劉師培一九〇五年分載於《國粹學報》的《論文雜記》，便稱俗語入文勢不可擋，最佳方案是「以通俗之文推行書報，凡世之稍識字者，皆可家置一編，以助覺民之用」，同時不廢「古代文詞」：

> 故近日文詞，宜區二派：一修俗語，以啟瀹齊民；一用古文，以保存國學。庶前賢矩範，賴以僅存。[92]

劉師培之談論「文白」，視野相當開闊，既提到「英儒斯賓塞耳」，也說及「昔歐洲十六世紀教育家達泰氏」，再加上梳理了自古以來中國文學的發展趨勢，可謂言之有據。

身為新文化運動策源地北京大學的校長，蔡元培「新派人物」的身份毋庸置疑。一九一九年十一月十七日，蔡先生應邀在北京女子高等師範學校發表演講，談論「國文之將來」：

> 所以我敢斷定白話派一定占優勝。但文言是否絕對的被排斥，尚是一個問題。照我的觀察，將來應用文，一定全用白話。但美術文，或者有一部分仍用文言。[93]

劉、蔡二家，都是預感到日常語言、文學語言、學術語言之間的縫隙，在提倡俗語／白話的同時，在某一層面上為古文／文言留一席之地。現在看來，這種「提倡白話、不廢文言」的主張，在當時的情況下，雖策略性不強，卻並非無理取鬧。

---

92 劉師培：《論文雜記》，見《中國中古文學史・論文雜記》，110頁，北京，人民文學出版社，1962。

93 蔡元培：《國文之將來》，見《蔡元培全集》，3卷，358頁。

討論魯迅的述學文體，順帶重提劉師培、蔡元培「文白」分途發展的主張，既是歷史研究，也是現實關懷——在「傳統中國」研究領域，我們該如何思考，怎樣表達。在我看來，經歷了百年風雨，「文白之爭」可以消歇；今日中國，基於多元文化趣味，應該允許甚至鼓勵「文白」之間互相制約，互相補充。落實到具體作者，生存於學界的中心或邊緣，注重破壞或建設，推崇信仰或懷疑，採取正面突進或迂迴包抄，所有這些，都不能不影響其擬想讀者與論述策略。在這個意義上，關於述學文體的選擇，完全可能「百花齊放」。

中國大學百年？[*]

　　文章的題目，是從兩本英文書借來的：一是《中國與教會大學，1850-1950》（*China And Christian Colleges, 1850-1950*），一是《中國大學，1895-1995：一個世紀的文化衝突》（*China's Universities, 1895-1995: A Century of Cultural Conflict*）。二者都以「百年」為敘事框架，而且都有相當充分的論證。一般認為，中國最早的教會大學登州文會館十九世紀八〇年代方才開始進行高等教育，傑西・格・盧茨的從一八五〇年說起，只能理解為「尋根溯源」。[1]考慮到中國大陸的教會大學，五〇年代以後一概消亡，用「百年史」來涵蓋，倒也未嘗不可。談論「中國大學」，可就沒有那麼確鑿無疑了。加上一個問號，就因為 Ruth Hayhoe 的思路，與中國的教育史家大相徑庭。在找到準確的答案之前，只好依古訓，「多聞闕疑」。

　　到底是「中國大學百年」，還是「中國大學四千年」，不只牽涉史家的敘述框架，更與中國人對於「大學」的想像息息相關，故需要認真辨析。為大學「正名」，並非本文的主要目的；借助晚清以降教育革新歷程的梳理，討論大學的功用，展現其可能出現的前景，方才是本文的宗旨所在。

　　不過，話還是得從頭說起。

---

[*] 本文初刊《學人》，13輯，南京，江蘇文藝出版社，1998。

[1] 參見〔美〕傑西・格・盧茨：《中國教會大學史》，曾鉅生譯，69頁，杭州，浙江教育出版社，1988；史靜寰：《狄考文和司徒雷登在華的教育活動》，57頁，臺北，文津出版社，1991。

一　兩種大學史

　　將教育史的寫作，作為一種敘事來理解，Hayhoe 的著作，以
「講述故事的概念與框架」開篇，接下來的章節，依次是「國民政府
的故事，1911-1949」「社會主義的故事，1949-1978」「改革時代的故
事，1978-1990」「從中南區透視」「從西北區透視」「成人高教與中國
的大學」。並非教育史家的我，最為關注的，自然是其敘事框架。在
第一章中，作者討論了以下四個問題：歐洲中世紀的大學、中國的學
術體制與價值、東方傳統和範型、歐洲大學的凱旋。[2]在這個敘事框
架中，「中國大學」屬於西學東漸的產物，當然只有「百年史」。

　　可是，世界上還存在著另一種敘事，那便是：中國大學的歷史，
不是「百年」，而是「四千年」。以我閱讀過的著作為例，伍振的《中
國大學教育發展史》、熊明安的《中國高等教育史》、高奇的《中國高
等教育思想史》，以及曲士培的《中國大學教育發展史》，都是論述四
千年的中國大學教育。[3]教育史家毛禮銳為熊著作序，強調「中國是
一個歷史悠久的國家，高等教育居於世界教育史上的領先地位」，並
批評以往將創立於十一世紀末、有一萬二千學生的意大利的波倫亞
（Bologna）作為人類歷史上最早的大學。在毛氏看來，中國的大
學，或從殷周算起，或從戰國算起，退一萬步，「如果從漢武帝設立
太學算起，那麼我國在西元前一二四年便無可置疑地有了較為正式的
大學」。上述四部著作，膽子大的，開門見山，第一章便是「夏、

<hr />

2　Ruth Hayhoe, *China's Universities*, 1895-1995: *A Century of Cultural Conflict*, Garland
　　Publishing, Inc., New York, 1996, pp.3-23.

3　伍振：《中國大學教育發展史》，臺北，三民書局，1982；熊明安：《中國高等教育
　　史》，重慶，重慶出版社，1983；高奇：《中國高等教育思想史》，北京，人民教育
　　出版社，1992；曲士培：《中國大學教育發展史》，太原，山西教育出版社，1993。

商、西周時期的大學教育」（曲著）；謹慎一些的，書名叫「高等教育」，但也忍不住斷言，「我國的大學教育起源於商代是毫無疑義的」（熊著）。理由是，《禮記・王制》有言：

> 天子命之教，然後為學。小學在公宮南之左，大學在郊。天子
> 曰辟廱，諸侯曰泮宮。

類似的零星材料，還能找到一些，但不會太多。因而，復原西周的大學教育，不是一件容易的事情。不過，「三代之學」作為歷代文人學者的共同記憶，確實影響了整部中國教育史的建構。除非否認晚清以前存在著「高等教育」，否則，無法不從西周說起。在這個意義上，中國人確實有三四千年高等教育的歷史。

可是，這麼一來，很容易導致「大學」概念的瓦解——任何一個文明，必然有屬於自己的教育事業；任何一個時代的教育事業，都有高等、低等之分，所謂「大學」的起源，豈不成了「偽問題」？

問題可能出在翻譯上，當中國人以漢語的「大學」，對應英文的「University」時，必須警惕二者之間的巨大差異。同樣是高等教育，辦學宗旨、教學體制、組織結構，乃至發展方向，均與其歷史淵源緊密相關。西方人談「University」，一般從中世紀說起；至於古希臘，只是作為思想淵源來追溯。[4]同樣道理，談論中國的 University，似乎也不好意思追溯到西周。

突發奇想，上述四種教育史著，都沒有英文書目；假如需要，怎

4　之所以稱大學為「獨特的中世紀機構」，就因為，「在中世紀，它的發展具有當今流行的許多特徵，如名稱、中心地，具有一定自治權的教師、學生、教學體制、考試及取得學位的程序，甚至擁有自己各學科的行政管理機構」。見〔美〕克拉克・克爾：《大學的功用》，陳學飛等譯，6頁，南昌，江西教育出版社，1993。

麼翻譯？The History of China's University，肯定不合適，恐怕只能勉強譯成 The History of China's Taixue and University。也就是說，中國的高等教育，分成三千年的「大學」和一百年的「University」，二者並非同根所生，很難直接過渡。教育史家囿於「大學」的名義，將其合而為一，便出現了許多問題。

還是辭書學界嚴謹，兩種不同淵源的大學，分得一清二楚。「大學」一詞，在《辭源》中是「古代貴族子弟讀書的處所。即太學」；在《現代漢語詞典》中則是「實施高等教育的學校的一種，在我國一般指綜合大學」。前者念「tai xue」，後者念「da xue」，即便是讀音，也都涇渭分明。《漢語大詞典》兼及二者，既講實施現代高等教育的「da xue」，也講包括周之辟廱、漢以後的太學以及晉以後的國子學的「tai xue」。依此類推，「tai xue」史只能講到晚清；「da xue」史則只有百年。硬要談論從古到今的「中國大學」，恐怕很難得其要領。

這本來不是什麼深奧的道理，之所以長期不被學界正視，就因為涉及所謂的「民族自尊」：一個文化古國，只有百年的「大學史」，實在說不過去。與此相類似的，是具體大學的溯源。馮友蘭先生稱，「北京大學的校史應該從漢朝的太學算起」，理由是：

> 我看見西方有名的大學都有幾百年的歷史，而北京大學只有幾十年的歷史，這同中國的文明古國似乎很不相稱。[5]

儘管有種種遺憾，北大校史始終以戊戌維新為起點。倒是前幾年湖南大學力爭從嶽麓書院（976）說起，這一「悲壯的努力」，最終被國家

5　馮友蘭：《我在北京大學當學生的時候》，見《文史資料選輯》，83輯，北京，文史資料出版社，1982。

教委否決。否則，中國將出現一大批遠比巴黎（1170）、劍橋（1209）、哈佛（1636）、耶魯（1701）古老得多的「大學」。

其實，這種建構「悠久歷史」的衝動，從二十世紀二〇年代便已開始。先是柳詒徵撰寫《南朝太學考》《五百年前南京之國立大學》，稱「金陵之有國學，自孫吳始，晉、宋、齊、梁、陳，迭有興廢」「明之南京國子監，實為上下千年唯一之國立大學」。柳氏基本上嚴守史家立場，承認：

> 五百年前南京之國立大學，遂無寸瓦尺椽之遺跡，可以供今人之印證，僅能從史志之文，想像盛時之狀況矣。[6]

之所以著力鈎沉史料，就因為古之太學，「雖所業與今殊科，其勸學之方，析理之式，固皆足為誦法，惡可任其湮鬱史冊而不章哉」。[7]

到了張其昀，可就不一樣了，目的很明確：為中央大學建構優良傳統。其所撰《源遠流長之南京國學》（1935），稱中央大學及其前身東南大學、兩江師範，都在南京城北欽天山前，此地乃五百年前明代大學之遺址。於是，穿越時空，扶搖直上：

> 追溯其源，則劉宋之四學，蕭梁之五館，均在欽天山麓，薪火之傳幾至千五百年。中國各大學論其歷史關係之深，精神遺產之厚，舉無有能及中央大學者也。[8]

6　柳詒徵：《五百年前南京之國立大學》，見《柳詒徵史學論文續編》，177頁，上海，上海古籍出版社，1991。

7　柳詒徵：《南朝太學考》，見《柳詒徵史學論文續編》，442頁。

8　張其昀：《源遠流長之南京國學》，見李宗侗等：《中國歷代大學史》，臺北，中華文化出版事業委員會，1958。

如此勇敢的溯源，「中國各大學」確實難以匹敵。但此風不可長，否則，中國教育史將是一筆糊塗賬。以中國歷史之悠久、文物之豐富，地域文化之多姿多彩，隨便一考，哪一所大學都能長出千八百歲。校史的無限擴張，之所以不值得提倡，除了有違實事求是原則，更因其遮蔽了「大學」與「University」（或曰「tai xue」與「da xue」）的巨大差異。而這，對於現代中國大學的健康成長極為不利。

承認中國的高等教育歷史悠久，資源豐厚，但二十世紀實行的大學制度，卻是地道的舶來品。一九一八年，校長蔡元培為《北京大學二十週年紀念冊》作序，對此有明確的表述：

> 吾國自虞夏時已有大學之制，見陳教授漢章所作《中國歷代大學學制述》。然往昔太學國學，其性質範圍，均與北京大學不可同年而語。然則往昔之太學國學，直當以高曾祖禰視之。而北京大學本體，則不得不認為二十歲之青年也。[9]

二十三年後，清華校長梅貽琦撰《大學一解》，以儒家「大學之道，在明明德，在新民，在止於至善」來解說今日之大學精神，同樣凸顯古今中西之別：

> 今日中國之大學教育，溯其源流，實自西洋移植而來，顧制度為一事，而精神又為一事。就制度言，中國教育史中固不見有形式相似之組織，就精神言，則文明人類之經驗大致相同，而事有可通者。[10]

---

9 蔡元培：《〈北京大學二十週年紀念冊〉序》，見《蔡元培全集》，3卷，158頁。
10 梅貽琦：《大學一解》，載《清華學報》，13卷1期，1941年4月。

或者區分「本體」與「高曾祖禰」，或者辨別「制度」與「精神」，都是強烈地意識到，在中國，古今之大學，不能說毫無關係，可也很難同日而語。

這其實正是二十世紀中國大學教育的問題所在：成功地移植了西洋的教育制度，卻談不上很好地承繼中國人古老的「大學之道」。不是沒有人意識到，而是實踐起來舉步維艱；此中甘苦，單看「上法三代，旁採泰西」之曲折，便可大致明白。

二　關於「旁採泰西」

回到 Hayhoe 的追問，二十世紀中國的高等教育，是否真的是「歐洲大學的凱旋」？討論現代中國的教育與學術，此一問題無法迴避。

廢科舉，興學校，養人才，如此互相勾連的三部曲，乃晚清志士的共同話題。至於如何「興學校」，康梁師徒的意見最具代表性：「上法三代，旁採泰西」「遠法三代，近取泰西」。[11]三代之學，作為學術課題，康氏發揮得淋漓盡致（如1886年著《教學通議》）；可到了設計教學體制，用得上的，只能是那緊隨其後的「旁採泰西」。據《康南海自編年譜》，戊戌年四月末：

> 大學堂議起，樞垣託吾為草章程，吾時召見無暇，命卓如草稿，酌英美日之制為之，甚周密，而以大權歸之教習。[12]

11　參見康有為：《請飭各省改書院淫祠為學堂摺》，見《康有為政論集》，313頁，北京，中華書局，1981；梁啟超：《變法通議·論科舉》，載《時務報》，7-8冊，1896年10月。

12　康有為：《康南海自編年譜》，47頁，北京，中華書局，1992。

梁啟超草擬的章程（即《總理衙門奏擬京師大學堂章程》），滿目都是
「西國學校」如何如何，從頭到尾，沒有一句涉及「三代之學」。遙
想當年，即便學養深厚的康有為親自起草，恐怕也難逃「名不符實」
之譏。

　　康梁師徒不識外文，也未曾出洋考察，哪來的「英美日之制」？
不用說，自是得益於譯著。翻翻晚清興學堂的論述，幾乎無一例外，
都受傳教士著譯的影響。在《教會新報》及其後身《萬國公報》上，
花之安（Ernst Faber）、李提摩太（Timothy Richard）、林樂知（Young
John Allen）、狄考文（Calvin Wilson Mateer）、李佳白（Gilbert
Reid）等傳教士，發表了許多有關西洋學校的介紹，成為晚清教育改
革的主要思想資源。後兩者對京師大學堂的建立，起了推波助瀾的作
用[13]；前三者的著述，更為梁啟超所直接引證：

> 西人學校之等差、之名號、之章程、之功課，彼士所著《德國
> 學校》《七國新學備要》《文學興國策》等書，類能言之，無取
> 吾言也。吾所欲言者，採西人之意，行中國之法，採西人之
> 法，行中國之意。[14]

梁氏此文撰於一八九六年。此前一年，鄭觀應十四卷本《盛世危言》
問世，其《學校上》附錄了《德國學校規制》《英、法、俄、美、日本
學校規制》和出自《七國新學備要論》的《英、德、法、俄、美、日
六國學校數目》；此後兩年，轟轟烈烈的變法維新正式展開，如何在教
育領域「採西人之法，行中國之意」，更是士大夫談論的中心話題。

---

13 參見〔美〕李佳白：《擬請京師創設大學堂議》；〔美〕狄考文等：《上譯署擬請創設
　　總學堂議》，見《北京大學史料》，1卷。
14 梁啟超：《變法通議‧學校總論》，載《時務報》，5-6冊，1896年9月。

　　有個細節值得玩味：戊戌變法失敗，所有新法盡廢，唯獨擬議中的大學堂照辦不誤。除了當朝者需要藉此裝點門面，更因此舉爭議最小。晚清的士大夫，再保守的，也不會否認中國「器不如人」。大兵壓境，國事日非，「富國強兵」乃當務之急，而「興學堂養人才」則是治本之舉。用嚴復的話來說，時至今日，仍然反對引進聲光電化，「謂不用西洋之術，而富強自可致」者，必是「狂易失心之人」。[15]百日維新失敗，西式學堂並沒因此銷聲匿跡，除了開辦大學堂（1898），更有公布癸卯學制（1903）、諭停科舉（1905）、建立學部（1906）等一系列大刀闊斧的改革。百年中國，以教育而論，最關鍵性的轉折，其實是在清廷手中完成的。至於如何防止西學的引進導致傳統倫理道德的顛覆，更是教育界持續百年的論爭。

　　「中學為體，西學為用」，張之洞的口號，落實在教育界，便是「以倫常道德為先」的立學宗旨[16]，以及對於經學課程的特別強調。[17]隨著新文化運動的興起，「激發忠愛」不再理所當然，經學的意義也日漸失落，但「愛國主義」與「民族精神」，依舊是學校教育的中心。對於「中學」能否「為體」，曾經有過各種挑戰；而「西學」內涵之模糊，則沒有引起足夠的重視。尤其在教育界，何謂「旁採泰西」，其實並非一目了然。

15　嚴復：《論世變之亟》，見《嚴復集》，1冊，4頁，北京，中華書局，1986。

16　《欽定京師大學堂章程》所規定的「以倫常道德為先」，既包括「激發忠愛，開通智慧，振興實業」，也包括嚴格查處「明倡異說，干犯國憲，及與名教綱常顯相違背者」。見舒新城編：《中國近代教育史資料》，中冊，549-550頁。

17　一九〇三年的《奏定大學堂章程》，規定設立「經學科大學」，並將其列在首位，此乃中國人的創舉。據出洋學生編輯所譯《日本文部省沿革及官制》（上海，商務印書館，1902），明治十年創立東京大學時，設法、理、醫、文四學科；到了野田義夫撰《日本明治教育史》（林萬里譯，上海，中國圖書公司，1908），帝國大學分法、醫、工、文、理、農六科。

　　康、梁以及張之洞等的創建新學制，確實是「旁採泰西」，可並非「酌英美日之制為之」。傳教士固然有關於英美學制的一般介紹，可直到一九〇二年京師大學堂復辦，駐美大使依然無法遵囑提供準確的美國學制資料，原因是美國學校均由官民捐建，沒有統一的課程設計。[18]更重要的是，討論晚清的學制建設，不該遺漏了最為關鍵的德國。從薛福成的《出使英法義比四國日記》，到鄭觀應的《盛世危言》，無不強調學校規制「德國尤為明備」。[19]對此，康有為本人的《請開學校摺》（1898），也有明確的表述：

> 今各國之學，莫精於德，國民之義，亦倡於德，日本同文比鄰，亦可採擇。請遠法德國，近採日本，以定學制。[20]

晚清以降的高等教育，教會大學的作用固然不可低估，但主流是日漸成長的官立或民辦大學——後者明顯受制於政府所頒章程。一九〇一年，張之洞、劉坤一上《籌議變通政治人才為先摺》，提及如何參酌東西學制：

> 德之勢最強，而學校之制，惟德最詳；日本興最驟，而學校之數，在東方之國為最多。[21]

---

18 參見《駐美大使為送美國各有關學堂授課章程事諮京師大學堂》，見《北京大學史料》，1卷。

19 參見薛福成：《出使英法義比四國日記》，291頁，長沙，嶽麓書社，1985；鄭觀應：《盛世危言》，見《鄭觀應集》，上冊，245-264頁，上海，上海人民出版社，1982。

20 康有為：《請開學校摺》，見《康有為政論集》，306頁。

21 張之洞、劉坤一：《籌議變通政治人才為先摺》，見《中國近代教育史資料》，上冊，49頁。

一九〇二年的《欽定京師大學堂章程》只是提及歐美日本之制，並無直接的比附；一九〇三年張之洞參與修訂的《奏定大學堂章程》可就不一樣了，滿目皆是「日本」字樣，上至分科大學的設想，下及課程譯名的比照，更包括教科書的寫作等，均注明日本如何如何，足證其《重訂學堂章程摺》所說的「博考外國各項學堂章程門目，參酌變通，擇其宜者用之」[22]，其實主要規摹的是日本。《東瀛學校舉概》《日本遊學指南》《日本文部省沿革及官制》，以及吳汝綸的《東遊叢錄》等著譯的出版[23]，使得一九〇二年以後的中國人，對於追慕德國的日本學制，有了比較清晰的了解。

德國以及日本的教育制度，在晚清為何特別受推崇，除了德、日兩國國勢之迅速崛起，更因其無礙中國現有的政制。一九〇六年的《學部奏請宣示教育宗旨摺》，對此有十分明確的表述：

> 東西各國政體雖有不同，然未有不崇敬國主以為政治之本者。近世崛起之國，德與日本稱最矣。德之教育重在保帝國之統一。日本之教育所切實表章者，萬世一系之皇統而已。[24]

如此確立忠君、尊孔、尚公、尚武、尚實的教育宗旨，明顯模仿的是明治二十三年（1890）頒布的「教育敕語」。後者用儒學和普魯士主義來修飾日本神話，完成了以天皇的神聖權威為依託的國家主義臣民

---

22 張百熙等：《重訂學堂章程摺》，見《中國近代教育史資料》，上冊，197頁。

23 姚錫光：《東瀛學校舉概》，京師版，1899；章宗祥：《日本遊學指南》，作者自刊，1901；〔日〕日本文部省：《日本文部省沿革及官制》，出洋學生編輯所譯，上海，商務印書館，1902；吳汝綸：《東遊叢錄》，東京，三省堂，1902。

24 《學部奏請宣示教育宗旨摺》，見《中國近代教育史資料》，上冊，220-221頁。

教育的設計。[25]這一點,尤其符合滿清王朝的意願,難怪皇上對學部的奏摺大加讚賞:「朕心惓惓,實有厚望焉!」[26]

　　辛亥革命不只推翻了大清帝國,更以掃除專制確立共和為目標。首任教育總長蔡元培認定,「忠君與共和政體不合,尊孔與信教自由相違」[27],於是開始了新學制的制訂。可就在此作為「全國教育改革的起點」的臨時教育會議上,蔡元培依然強調借鑒日本學制,不過是從另一角度立論:

> 至現在我等教育規程,取法日本者甚多。此並非我等苟且,我等知日本學制本取法歐洲各國。惟歐洲各國學制,多從歷史上漸演而成,不甚求其整齊劃一,而又含有西洋人特別之習慣;日本則變法時所創設,取西洋各國之制而折衷之,取法於彼,尤為相宜。然日本國體與我不同,不可不兼採歐美相宜之法。[28]

這與張之洞所說的「西書甚繁,凡西學不切要者,東人已刪節而酌改之」,故「我取徑於東洋,力省效速」,其實是同一個道理。[29]對於現代化起步較晚的中國來說,需要一個作為過渡的橋梁,方才能比較順當地理解並借鑒西學。[30]這一點,晚清人幾無異議。只是到了西學的引進已經漸成規模的五四前後,中國人方才開始甩開日本,直面西方學術思潮。

25　參見〔日〕近代日本思想史研究會:《近代日本思想史》,馬採譯,1卷,160頁,北京,商務印書館,1983。

26　《學部奏請宣示教育宗旨摺》,見《中國近代教育史資料》,上冊,226頁。

27　蔡元培:《對於新教育之意見》,見《蔡元培全集》,2卷,136頁,北京,中華書局,1984。

28　蔡元培:《全國臨時教育會議開會詞》,見《蔡元培全集》,2卷,264頁。

29　參見張之洞:《勸學篇》,「外篇」之《遊學》《廣譯》二章,1898年刊本。

30　參見章宗祥:《日本遊學指南》,1-2頁,東京,作者自刊,1901。

　　一九一二年十月，教育部頒發《大學令》，其時蔡元培已辭去教育總長職務，再次赴德留學。四年後，蔡氏出長北京大學，將此辦學宗旨發揮得淋漓盡致。從《大學令》的取消經學科，不以忠孝相號召，確立教授在大學的主導地位，到出長北大時之強調「大學者，研究高深學問者也」，「循思想自由原則，兼容並包」，主張「以美育代宗教」[31]，以及擴充文科、理科，停辦工科、商科等[32]，均明顯打上德國大學的烙印。[33]讀讀在此前後蔡氏有關大學教育的論述，引以為據的常常是德國的學制，以至於有人從英法的立場提出批評。[34]

　　五四運動後，杜威、羅素的講學北大，以及北大校長蔡元培的考察英美教育，標誌著另一種大學理想的浮現。執中國高等教育牛耳的蔡校長，「在德、法較久，深悉德、法學制」，可惜「英美我尚未到過」，這一回的「西遊」，對蔡氏影響甚大。[35]在柏克萊加州大學，蔡元培發表演講，除強調「大學教育應採用歐美之長，孔、墨教授之精神」，更仔細分梳西方三種不同的大學：

---

31 蔡元培：《就任北京大學校長之演說》《我在教育界的經驗》《美育代宗教說》，分見《蔡元培全集》，3卷，5頁；7卷，200頁；3卷，30-34頁。

32 蔡元培之停辦工科與商科，並非只是經費缺乏，而是認定：「文、理，學也」；「法、商、醫、工，術也」。「治學者可謂之『大學』，治術者可謂之『高等專門學校』」。蔡元培：《讀周春岳君〈大學改制之商榷〉》，見《蔡元培全集》，3卷，149-150頁。

33 在《國立北京大學的精神》（見《中華民國大學志》）中，羅家倫如此評說蔡先生：「他對於大學的觀念，深深無疑義的是受了十九世紀初期建立柏林大學的馮波德（Wilhelm Von Humboldt）和柏林大學那時代若干位大學者的影響。」

34 對於蔡元培參與制訂的大學改制計劃，尤其是區分高等專門學校與大學的思路，寓居蘇格蘭的周春岳提出批評，以為此乃德國之制，與歐美各邦大學相左，違背西文之大學（University）「教授高等學術各科之綜合體」的原意。參見周春岳：《大學改制之商榷》，見《蔡元培全集》，3卷，151-155頁。

35 參見《蔡元培全集》，4卷，65頁，北京，中華書局，1984；3卷，452頁；7卷所收《西遊日記》。

德、法大學專重研究學問，德國注重精細分析的研究，法國注重發明新法的研究。英國大學，如烏克斯福及康白尼哲（即牛津與劍橋的音譯——引者注），重在陶養學生道德，使成為縉紳之士……美大學還有兩種特色：（一）凡有用學問，如新聞學等，大學都可收入。（二）設夏科與校外教育，即無機會進大學者，亦可來習。[36]

蔡校長參酌的「歐美教育新法」與「中國古代教授法」，希望兼及為真理而研究、陶養道德以及發展社會教育——這張包治百病的藥方，分別指向德、英、美三種頗有差異的大學理想。

將近半個世紀後，長期擔任美國加州大學校長的克拉克・克爾，在其題為《大學的功用》的系列演講中，同樣區分三種不同類型的大學：

任何地方的大學，都無法超過英國盡量為本科生考慮，德國盡量為研究生和研究人員考慮，美國盡可能為公眾考慮的目標——為了保持不易保持的平衡，越採取混合式越好。[37]

倘若追溯歷史並尋求現實支持，前者可上溯到柏拉圖，人文主義者在這找到共鳴；中者可上溯畢達哥拉斯，科學家將給予大力支持；後者則不妨追溯到智者，社會科學家對此最為欣賞。如果追問這三種類型的大學在克氏與蔡氏的視野有何差異，最大的不同莫過於前者是歷時的，後者則是共時的。

---

36 蔡元培：《在卜技利中國學生會演說詞》，見《蔡元培全集》，4卷，65頁。
37 〔美〕克拉克・克爾：《大學的功用》，陳學飛等譯，12頁。

西遊歸來的蔡校長，一改以往獨尊法、德教育的思路，對美國的大學制度評價甚高。[38]第二年，在一則短文的注釋中，蔡氏標示了其大學改革的理想：

> 分大學區與大學兼辦中小學校的事，用法國制。
>
> 大學可包括各種專門學術，不必如法、德等國別設高等專門學校，用美國制。
>
> 大學兼任社會教育，用美國制。
>
> 大學校長，由教授公舉，用德國制。
>
> 大學不設神學科，學校不得宣傳教義與傳教士不得參與教育，均用法國制。瑞士亦已提議。抽教育稅，用美國制。[39]

如此博採眾長，有的不成問題（如不設神學科），有的無法實現（如大學區制），比較可行的，大都帶美國色彩——「深悉德、法學制」的蔡氏尚且如此，餘者可想而知。

教會大學中，美國勢力本就「獨占鰲頭」[40]；國立及私立大學的校長，留美學生占很大比例。以後來組成西南聯大的三大名校為例。蔡元培長校時的主要助手、一九三〇年起正式接任北大校長的蔣夢麟，乃美國哥倫比亞大學的教育學博士。羅家倫說的沒錯，蔣夢麟出長北大後，「北京大學更有意識地向著近代式的大學方面走」。[41]這裡所說的「近代式的大學」，其實是指逐漸占據主流的美式大學理想。

---

38 參見蔡元培：《在北大歡迎蔡校長考察歐美教育回國大會上的演說詞》，見《蔡元培全集》，4卷，79頁。

39 蔡元培：《教育獨立議》，見《蔡元培全集》，4卷，178頁。

40 參見顧長聲：《傳教士與近代中國》，333-337頁，上海，上海人民出版社，1995。

41 羅家倫：《國立北京大學的精神》，見《中華民國大學志》。

至於清華，本就是作為留美預備學校而設立的，長期主持校政的梅貽
琦為美國畢業的工程碩士，其校風及管理體制之追慕美國，更是在意
料之中。教育家張伯苓一九一七年赴美，入哥倫比亞大學師範學院研
究教育，第二年回國，正式籌建南開大學。在美期間，張氏曾發表演
講，暢談未來大學的走向：

> 考察與中國需要最宜之教育制度，結果獲得兩種需要者：一則
> 英法美之制度，一則日德之制度。前者專為計劃各人之發達，
> 後者性近專制，為造成領袖及訓練服從者之用（是即服從紀
> 律）。敝校南開，多半以是二者為圭臬。[42]

南開大學成立後，並非兼重英美與日德：教員聘請的是美國人或留美
學生，課堂除國文和中國歷史外均用英文講授，且直接使用美國學校
課本，據說連生物課解剖用的蚯蚓，也是從美國運來的。[43]

可以這麼說，從二十世紀二〇年代初至四〇年代末，中國的高等
教育，主要以美國大學為榜樣。這一局面，由於共產黨之建立新政
權，以及抗美援朝戰爭的爆發，方才徹底改觀。

一九五二年開始的院系調整，使得中國的大學教育，由美式轉為
蘇制。除了意識形態方面的考慮（比如，清除美帝國主義根深蒂固的
影響），教育學上的依據，主要是「以培養工業建設人才和師資為重
點，發展專門學院，整頓和加強綜合性大學」。[44]這種講求實用、鄙視

---

42 段茂瀾：《譯張伯苓校長在美演說記》，載《南開思潮》，2期，1918年6月。
43 參見南開大學校長辦公室編：《張伯苓紀念文集》，6、211頁，天津，南開大學出版
   社，1986。
44 中央教育科學研究所編：《中華人民共和國教育大事記：1949-1982》，70頁，北京，
   教育科學出版社，1983。

玄虛，要求直接服務於經濟建設主戰場的教育思想，晚清以降本就不絕如縷，借助於改朝換代，終於成為大學教育的主流。蘇聯模式之所以暢通無阻，新政權的魅力自是主要原因，但晚清開始的「西藝」及「實利」教育思潮，無疑做了很好的鋪墊。

晚清開始的教育改革，幾乎每一步，都是外力逼迫造成的。從創設同文館起，無不是為了救急而頭痛醫頭、腳痛醫腳。對於傳統教育制度的批評，最截了當的，莫過於「無裨實用」；反過來，提倡西學，最為有力的口號，便是「有裨實用」。一九二九年舒新城撰《近代中國教育思想史》，稱：

> 西藝教育思想持續的時間很短，不過自甲午至清末之十餘年而已，其當位時代只是庚子至癸卯的四五年間，在教育實際上所生的影響不大。[45]

但如果我們承認同文館的創設乃西藝思潮的潛伏期、留學教育中西藝始終占主導地位、民國以後西藝思潮逐漸退化為職業教育，那麼，很難說「影響不大」。所謂「謀國者對國內主張多設實業學堂，對留學生則限制其專習實業」，並非僅限於西藝「當位」的四五年。[46]大大出乎舒先生的預料，在現代中國，「西藝教育思想」具有極為旺盛的生命力。當初編造「牙科翰林」「獸醫進士」等笑話者，倘若百年後再生，見到諸如「旅遊大學」「體育大學」這樣的招牌，大概再也笑不出聲來。百年中國，高等教育之注重實用，其實是一股強大的潛流，時刻有可能噴出地面，吞沒眾多「大而無當」的玄思。

---

45 舒新城：《近代中國教育思想史》，94頁，上海，中華書局，1929。
46 同上書，80-95頁。

以此講求實用的眼光看待西學，希望汲取的，自是偏於「藝」而
非「道」。不管在朝在野，海內海外，居然心同此理。晚清重臣張之
洞在其《勸學篇・序》中稱：「西學亦有別，西藝非要，西政為
要。」此語大有見地，可如何與其名言「中學為體，西學為用」相銜
接？時刻防備「邪說暴行，橫流天下」的張大帥，終於還是希望借
「明綱」「宗經」「正權」以「正人心」。至於「以開風氣」的《外
篇》諸章，主要著眼點依然是農工商兵、礦學鐵路等西藝。

一八九七年，梁啟超撰《變法通議・學校餘論》，縱談如何借鑒
西學以改造中國，同樣「高屋建瓴」，厚「學」而薄「藝」：

> 今日之學，當以政學為主義，以藝學為附庸。政學之成較易，
> 藝學之成較難；政學之用較廣，藝學之用較狹。使其國有政才
> 而無藝才也，則行政之人，振興藝事，直易易耳。[47]

如此立說，未免低估了學習西政之困難。至於想像有了政才，「振興
藝事，直易易耳」，也只是一廂情願。避居日本，梁氏方才逐漸意識
到「藝學」之不可或缺。《新大陸遊記》第四十一節論及遊學之事，
竟得出了截然相反的結論：

> 宜學實業，若工程礦務農商機器之類。勿專騖哲學文學政治。[48]

對工程礦務一竅不通的任公先生，居然也加入了勸學西藝的大合唱。

晚清以降，不管是封疆大吏，還是一介書生，論及中國走向富強

---

47 梁啟超：《變法通議・學校餘論》，載《時務報》，36冊，1897年8月。
48 梁啟超：《新大陸遊記》，見《飲冰室合集・專集》，5冊，130頁。

之路，無不把「實學」放在首位。至於西政可能危及政體，西藝則純
然大補、有益無害，更是任何當朝者都不會忽略而又不便明說的秘
訣。因而，講西藝，求實用，有可能得到「舉國上下」的支持。可
是，正因其近乎「常識」，沒必要大張旗鼓地展開討論，其重要性反
而可能被遮蔽。直到二十世紀五○年代院系調整出乎意料的順利，方
才讓後世的史家大吃一驚。

調整後的「大學」，在短時間內，較好地滿足了國家經濟建設的
需求，似乎顯得生機勃勃；但其割裂文、理、工、醫，以及裁減政
法、財經，留下無窮禍害，使得中國的大學理想，幾乎倒退了半個世
紀。一九一七年，在《北大二十週年紀念會演說詞》中，蔡元培總結
中外大學的經驗，認定是由易入難循序漸進：

> 蓋興學之初，目光短淺，重實用而輕學理，人情大抵如此也。[49]

依此類推，中國的大學發展，應逐漸從專為實用轉移到注重學理——
《大學令》的擬定以及北京大學的改造，正是依此思路展開的。二三
十年代中國的高等教育，確有日漸注重學理的傾向。抗戰中，文理各
系數量銳減，實用性的教育及工、農、商等大有發展，其中尤以醫學
增長最快，達到百分之二百二十五。[50]即便如此，與五○年代院系調
整中只保留十四所綜合大學，仍不可同日而語。

二十世紀五○年代以後大學教育的諸多弊病，主要是政府決策的
失誤，非校方或教育家所能左右。但浸染日久，習慣已成自然，以至
「文化大革命」結束後的「撥亂反正」，不少人仍以恢復「文化大革

---

49 蔡元培：《北大二十週年紀念會演說詞》，見《蔡元培全集》，3卷，115頁。

50 參見曲士培：《中國大學教育發展史》，538頁。

命」前的大學為目標。實際上，時至今日，「學院」已經紛紛升格為「大學」，可「重實用而輕學理」的傾向依然十分嚴重。

另一方面，伴隨著改革開放的步伐，美國式的大學理想，又重新得到了中國人的承認。除了老北大學生對於牛津、劍橋的嚮往，以及二十世紀二〇年代末模仿法國實行大學區的失敗嘗試，百年中國大學，其「兼採泰西」，大體分為德日—美—蘇—美四個階段，其中尤以美國的影響最為長久，也最為突出。

三　關於「上法三代」

一九二五年四月，北大校長蔡元培在德國作了題為《中國現代大學觀念及教育趨向》的演講，稱對於古代中國的高等教育，「其質與量不能估價過高」，晚清以降，「擺在我們面前的問題，是要仿效歐洲的形式，建立自己的大學」。[51]實際上，自從書院制及科舉制被正式廢除，中國人對於自家傳統教育方式，信心始終不足，不存在「估價過高」的問題。在我看來，二十世紀中國思想文化潮流中，「西化」最為徹底的，當推教育——尤其是高等教育。今日中國的大學，其價值取向及基本路徑，乃 University，而非太學。

要說「與國際接軌」，在中國步伐最快且效果最為明顯的，非大學莫屬。如此大趨勢，自晚清志士之呼籲變法，便已不可逆轉。

不管是康、梁，還是二張（張之洞、張百熙），設計學堂章程時，確實都曾「兼採泰西」。至於「上法三代」，基本上是一句空話，原因是，三代的學制誰也說不清。晚清關於興學的奏摺和策論，常常

---

51 蔡元培：《中國現代大學觀念及教育趨向》，見《蔡元培全集》，5卷，7頁，北京，中華書局，1988。

是引一段《禮記》開篇，而後便是外國學堂的介紹。如此「上溯古制，參考列邦」[52]，擬訂出來的章程，焉能不「食洋不化」？之所以將明明無法兌現的「上法三代」，擱在迫在眉睫的「旁採泰西」前面，揣測康、張的原意，不外是強調對於傳統學術精神的繼承。既然如此，何以不標舉更為切實可行的宋元明清的書院制度？

就在高談「上法三代，旁採泰西」的《請飭各省改書院淫祠為學堂摺》中，康有為許諾：「泰西變法三百年而強，日本變法三十年而強，我中國之地大民眾，若能大變法，三年而立。」[53]此等充滿激情的策士文字，比起此前順天府尹胡燏棻先試點然後「遞為推廣」的改革方案來[54]，更具誘惑力，難怪皇上馬上降旨：「即將各省府廳州縣現有之大小書院，一律改為兼習中學西學之學校。」[55]戊戌年間的急轉彎，雖說翻了車，但書院「一律」改為學堂的思路，卻沒有就此夭折。變法失敗後，慈禧太后曾有懿旨：「書院之與學堂，名異實同，本不必另行更改。」[56]可國事日非，大臣紛紛上書，要求盡快養育人才，於是有了一九〇一年的詔令：

> 除京師已設大學堂應切實整頓外，各省所有書院，於省城均改設大學堂，各府廳直隸州均設中學堂，各州府縣均設小學堂，並多設蒙養學堂。[57]

52 張百熙：《進呈學堂章程摺》，見《中國近代教育史資料》，上冊，196頁。

53 康有為：《請飭各省改書院淫祠為學堂摺》，見《康有為政論集》，311-312頁。

54 一八九五年胡燏棻《變法自強摺》稱：「應先舉省會書院，歸併裁改，創立各項學堂」；「數年以後，民智漸開，然後由省而府而縣，遞為推廣，將大小各書院，一律裁改，開設各項學堂」。

55 《清帝諭各省府廳州縣改書院設學校》，見《中國近代教育史資料》，上冊，82頁。

56 《德宗景皇帝實錄（六）》，見《清實錄》，57冊，655頁，北京，中華書局，1986。

57 《德宗景皇帝實錄（七）》，見《清實錄》，58冊，420頁。

至此，實行了一千多年的書院教育制度，便基本退出了歷史舞臺。四年後，科舉制度被取消，新式學堂之一統天下，已成定局。

正像教育史家舒新城所說的，「光緒二十四年以後的改革教育論者，並無一人對於書院制等有詳密的攻擊或批評」。[58]時人之「破舊」，主要針對的是科舉取士；至於各式書院之利弊，反而無暇細究。山西巡撫胡聘之等變通書院改革教學的設計[59]，在急劇變化的時局面前，很快顯得落伍；陝西巡撫張汝梅等「自籌款項，創建格致實學書院」的主張[60]，也因其耗資巨大無法推廣而被擱置；成為晚清教育改革主流的，乃張之洞的從改革傳統書院迅速走向興辦西式學堂。[61]對於沿襲千年的書院制度，之所以不求變通，也不願並存，目的是將原有款項移作興辦學堂之用。不曾認真分辨近在眼前的書院，一味高談闊論遠在天邊的三代之學，晚清以降的學制改革，當然只能「完全將西洋工業社會的教育制度移植過來」。[62]

積弊已深的傳統中國教育，其「無裨實用」，在晚清，成為傳播福音的傳教士以及尋求富強之路的士大夫集中攻擊的靶子。只是在新學制度已經確立的二十世紀二三〇年代，有過研究書院的小小熱潮。[63]

---

58 舒新城：《近代中國教育思想史》，14頁。

59 胡聘之等《請變通書院章程摺》既指向「或空談講學，或溺志詞章」的「書院之弊」，也指向「過尊西學者」的「不探其本，眩於新法，標以西學之名，督以西士之教」。在胡氏看來，後者「勢必舉中國聖人數千年遞傳之道術而盡棄之」。撇開價值判斷，此等憂慮，並非毫無道理。見胡聘之等：《請變通書院章程摺》，見《中國近代教育史資料》，上冊，69-71頁。

60 張汝梅等：《陝西創設格致實學書院摺》，見《中國近代教育史資料》，上冊，68頁。

61 蘇雲峰的《張之洞與湖北教育改革》（臺北，「中央研究院近代史研究所」，1976）將張的辦學經歷，劃分為四個時期：傳統教育整頓時期（1867-1877）、西方認識時期（1877-1884）、西學試辦時期（1885-1889）、西學推廣時期（1890-1907）。

62 舒新城：《近代中國教育思想史》，14頁。

63 《中國史學論文索引》（北京，科學出版社，1957）下編收錄二三十年代關於書院研究的論文五十篇，作者有胡適、柳詒徵、盛朗西、謝國楨、陳東原、梁甌第、班

此後，又是長期的沉寂，直到八〇年代方才有復興的跡象。[64]即便如此，時至今日，書院教育的現代意義，仍然不被廣泛認可。中國的大學，依舊是歐美模式的一統天下。

晚清重要的思想家中，最早對廢書院改學堂表示不滿的，當推杭州詁經精舍出身的章太炎。一九〇六年，正當時俗皆稱道「科舉廢，學校興，學術當日進」，章氏從「中國學術，自下倡之則益善，自上建之則日衰」立論，對朝廷之使學校成為利祿之途大不以為然。[65]此後三十年，章太炎在不少場合為傳統的書院制度辯護，並將其作為批評新式學堂的主要理論武器；與此同時，選擇獨立講學的姿態，拒絕進入現代大學體制。[66]與此相類似的，還可以舉出馬一浮、梁漱溟、熊十力等。

馬一浮之所以多次拒絕蔡元培、陳百年的邀請，不願赴北大講學，主要原因是「平日所學，頗與時賢異撰」。即便出任探求高深學術的研究院的導師，在馬氏看來，也不能接受，理由是：「方今學子務求多聞，則義理非所尚。急於用世，則心性非所先。」[67]梁漱溟、熊十力倒是都曾任教北大，可也同樣表示不滿。一九二四年夏，梁氏

書閣、吳景賢、王蘭蔭等。此期間出版的專著有周傳儒的《書院制度考》（1929）、盛郎西的《中國書院制度》（1934）和劉伯驥的《廣東書院制度沿革》（1939）。

64 八九十年代出版的書院研究著作有：陳元暉等《中國古代的書院制度》（1981）、章柳泉《中國書院史話》（1982）、張正藩《中國書院制度考略》（1985）、楊慎初等《嶽麓書院史略》（1986）、李才棟《白鹿洞書院史略》（1989）、朱漢民《湖湘學派與嶽麓書院》（1991）、丁鋼《書院與中國文化》（1992）、李才棟《江西古代書院研究》（1993）、李國鈞等《中國書院史》（1994）、白新良《中國古代書院發展史》（1995）、陳谷嘉等《中國書院制度研究》（1997）。

65 章太炎：《與王鶴鳴書》，見《章太炎全集》，4卷，152頁。

66 參見陳平原：《章太炎與中國私學傳統》，載《學人》，2輯，南京，江蘇文藝出版社，1992。

67 馬一浮：《致蔡元培》《致陳大齊》，見《馬一浮集》，2卷，453、516頁，杭州，浙江古籍出版社／浙江教育出版社，1996。

辭去北大教職，到山東曹州中學辦學去了；第二年春天，帶著失望與
憂鬱，梁氏重新回到北京。在《致〈北京大學日刊〉函》中，有這麼
一段話，表明其與現代教育制度的巨大分歧：

> 旅曹半年，略知辦學甘苦，歸結所得，彌以非決然捨去學校形
> 式無從揭出自家宗旨。學校制度以傳習知識為本，無論招學生
> 聘教員所以示人者如此。而人之投考也應徵也所以應之者何莫
> 非如此。而漱宗旨所存則以在人生路上相提攜為師友結合之
> 本。[68]

不管是馬氏的「平日所學」，還是梁氏之「自家宗旨」，都與傳統書院
制度較為契合。在抗戰大後方，馬一浮的復性書院與梁漱溟的勉仁書
院，加上另一個「新儒家」張君勱的中國民族文化書院，標示著另一
種教育理想的正式浮現。

可惜，這幾個書院都壽命很短，影響也不太大。二十世紀五〇年
代初，為了延續此理想，熊十力建議新政權恢復三個私立講學機關：
歐陽竟無創設的支那內學院、馬一浮主持的智林圖書館，以及梁漱溟
執掌的勉仁書院，目的是「存舊學一線之延」。[69]如此低調的申辯，也
都沒能獲得諒解。一直到改革開放的八〇年代初，以梁漱溟為院長的
中國文化書院方才得以正式成立。可是，即便在其風光八面的八〇年
代中期，中國文化書院也無法進行常規教育建設；進入九〇年代，其
發展前景更是不容樂觀。

---

68 梁漱溟：《致〈北京大學日刊〉函》，見《梁漱溟全集》，4卷，800頁，濟南，山東人
　民出版社，1990。

69 熊十力：《論六經》，見《熊十力全集》，5卷，775頁，武漢，湖北教育出版社，
　2001。

　　在二十世紀中國，書院之無法生存，有外部環境的壓迫，也有其
學術理想與實際運作的矛盾。舉一個簡單的例子，辦書院需要資金，
章太炎的創立國學講習會、馬一浮的籌辦復性書院，都是蔣介石給的
錢。沒有政府的支持，如何使書院長期運轉，不是一件簡單的事情。
比如，學生的出路，便是個大問題。馬一浮與熊十力在規劃復性書院
發展前景上的矛盾，凸顯了書院在現代社會的窘境。熊提出多招生，
經費由國家負責，學生也應該給出路；馬則強調書院獨立於現行學制
系統，不必授予學生任何資格，「幾曾見程朱陸王之門有發給文憑之
事」？[70]在《告書院學人書八》中，馬一浮稱：

　　　　書院以義理為宗，當思接續聖賢血脈。既絕祿利之途，亦非要
　　　　譽之地。若浮慕虛聲，不知切己用力，則在難與共學之列。[71]

馬氏的理想固然高超，只是長此以往，書院生源必定難以為繼。教育
家之不同於思想家，在其於合理性外，不能不考慮可行性。只講義理
修養，絲毫不顧及學生的世俗生活，作為教育家，不能說是盡職的；
可反過來，過多考慮學生的出路，又很容易重蹈新式學堂的覆轍，成
為「祿利之途」「要譽之地」。

　　這裡有政府不可推卸的責任。學者對於真理及學問的探求，可以
而且必須不計名利；可這不能成為政府放棄表彰學術、扶植教育的
藉口。不妨借用美國總統希歐多爾・羅斯福一九〇五年在哈佛大學發
表的演講：

70　馬鏡泉等：《馬一浮評傳》，95、83頁，南昌，百花洲文藝出版社，1993。
71　馬一浮：《告書院學人書八》，見《中國現代學術經典・馬一浮卷》，616頁，石家
　　莊，河北教育出版社，1996。

> 我很欣賞的事實是，所有最高尚的工作，無論如何絕不受任何
> 報酬問題的影響。……然而，作為一個民族，倘若根本沒有制
> 訂任何條款來保證對學者的成就進行獎勵，我們對他們的成就
> 就很不尊重，結果就不可能激勵學者們的事業心，反而產生負
> 效應，這也是事實。[72]

當然，書院教育之所以顯得如此「不合時宜」，主要還是源於二十世紀中國學人普遍流行的「喜新厭舊」。

與章太炎等人排斥新式學堂的決絕姿態不同，歷來比較穩妥的梁啟超，建議兼採新舊，在新式學堂中實行自由講座制。梁氏首先批評近世學校教育的兩大缺點。第一，「各科皆懸一程準，課其中程不中程。雖智力體力較劣下者，非勉及於程焉不可；其優異者亦及程而止，程以上弗授也。」梁氏斷言：「此種『水平線式』的教育，實國家主義之產物。」第二，「其學業之相授受，若以市道交也。」至於自由講座制的具體實施，則有如下規劃：

> 此種組織，參採前代講學之遺意而變通之。使學校教師學生三
> 者之間，皆為人的關係，而非物的關係。……如此則教育不至
> 為「機械化」，不至為「凡庸化」。社會上真面目之人才，或可
> 以養成也。[73]

大概是為了實踐自己的諾言，梁啟超慨然出任清華國學研究院的導師，希望「在這新的機關之中，參合著舊的精神」。具體說來，便是

---

72 轉引自〔美〕亨利・羅梭夫斯基：《美國校園文化》，謝宗仙等譯，162頁，濟南，山東人民出版社，1996。

73 梁啟超：《自由講座之教育》，載《改造》，3卷7號，1921年3月。

「一面求智識的推求，一面求道術的修養，兩者打成一片」。可兩年多後，梁氏不得不承認理想落空：上課下課，「多變成整套的機械作用」；師生之間，「除了堂上聽講外，絕少接談的機會」。[74]

正像以提高社會格調、淨化民族心靈為目標的老牛津大學，在一八五二年被紐曼理想化時，已經近於滅絕；以文科和理科研究生院為中心的「現代大學」，在一九三〇年得到弗萊克斯納滿腔熱情的讚賞時，也正面臨巨大的挑戰。歷史的流逝，比觀察者的筆墨要迅速而且冷酷得多。[75]章太炎等人對傳統書院的理想化詮釋，很可能也是「此情可待成追憶，只是當時已惘然」。

重建書院的努力，雖則基本上落了空；但將書院精神引進現代的大學體制，則頗有成效。一九二四年，清華校長曹雲祥向胡適請教如何創辦研究院，於是，「胡氏略仿昔日書院及英國大學制，為研究院繪一藍圖」。[76]藍文徵的回憶大致可信。一九二五年三月六日，清華學校校務會議通過的《研究院章程》，其中第六章「研究方法」第一則稱：

> 本院略仿舊日書院及英國大學制度：研究之法，注重個人自修，教授專任指導，其分組不以學科，而以教授個人為主，期使學員與教授關係異常密切，而學員在此短時期中，於國學根柢及治學方法，均能確有所獲。[77]

同年，胡適的好友、同樣留美歸來的陳衡哲、任鴻雋夫婦聯名發表《一個改良大學教育的建議》，特別標舉中國的書院精神，希望將其

---

74 參見丁文江等編：《梁啟超年譜長編》，1138-1139頁，上海，上海人民出版社，1983。
75 參見〔美〕克拉克·克爾：《大學的功用》，1-5頁。
76 藍文徵：《清華大學國學研究院始末》，載《清華校友通信》，新32期，1970年4月。
77 《研究院章程》，載《清華周刊》，360期，1925年11月。

與歐美大學制度相結合：

> 我們以為當參合中國書院的精神和西方導師的制度，成一種新
> 的學校組織。中國書院的組織，是以人為中心的，往往一個大
> 師以講學行誼相號召，就有四方學者翕然從風，不但學問上有
> 相當的研究，就是風氣上也有無形的轉移，如朱文公的白鹿
> 洞，胡安定的湖州，都是一例。但是書院的組織太簡單了，現
> 在的時代，不但沒有一個人可以博通眾學，滿足幾百千人的希
> 望，而現在求學的方法，也沒有一人而貫注幾百人的可能。要
> 補救這個缺點，我們可以兼採西方的導師制。就是一個書院以
> 少數教者及少數學者為主體；這個書院的先生，都有舊時山長
> 的資格，學問品行都為學生所敬服，而這些先生也對於學校
> （生）的求學、品行兩方面，直接負其指導陶熔的責任。[78]

取大學管理之組織與書院教學之精神，二者合而為一，這一主張，同
上述梅貽琦《大學一解》中的說法，倒是不謀而合。

中西教育觀念的差別，依晚清以來通行的說法，後者重知識傳
授，前者重人格修養。「新學校興起，則皆承西化而來。皆重知識傳
授，大學更然。一校之師，不下數百人。師不親，亦不尊，則在校學
生自亦不見尊。所尊僅在知識，不在人。」[79]所謂「吾愛吾師，吾尤
愛真理」，針對傳統中國的師道尊嚴，曾博得國人一片掌聲。可很快
的，教育學家發現此種只重知識不尊師長的潮流，也有不小的流弊。
為師的不自尊，求學的不重道，所謂「全人格的教育」，根本無法落

---

78 陳衡哲、任鴻雋：《一個改良大學教育的提議》，載《現代評論》，2卷39期，1925年
   9月。
79 錢穆：《現代中國學術論衡》，168頁，長沙，嶽麓書社，1986。

實。於是，「教書」「育人」並重的觀念，重新得到張揚。書院制的優勢，終於引起有識之士的重視。

不只是鑽研高深學術的研究院，也不只是傳統深厚的人文學科，在清華大學校長梅貽琦看來，大學精神之所寄，在於教師之樹立楷模與學子之自謀修養。時人樂於傳誦梅校長的名言，「所謂大學者，非謂有大樓之謂也，有大師之謂也」，卻不大追究這句話的真正內涵。對於大學來說，「大師」之所以至關重要，不只是因其學識淵博，智慧超群，更因其可以為學生提供追摹的目標。「我們的智識，固有賴於教授的教導指點，就是我們的精神修養，亦全賴有教授的inspiration。」[80] 這一思路，在四〇年代初的《大學一解》中，得到更加精彩的發揮：

> 古者學子從師受業，謂之從遊，孟子曰，「遊於聖人之門者難為言」，間嘗思之，遊之時義大矣哉。學校猶水也，師生猶魚也，其行動猶游泳也，大魚前導，小魚尾隨，是從遊也。從遊既久，其濡染觀摩之效，自不求而至，不為而成。反觀今日師生之關係，直一奏技者與看客之關係耳，去從遊之義不綦遠哉！[81]

此語若出於章太炎、梁啟超，或者馬一浮、梁漱溟，一點也不奇怪；而出之於中國最為西化的清華大學校長之口，則非同尋常。儘管沒有直接的材料可供佐證，我仍然認定，梅氏的以上論斷，與其西南聯大時期的經驗大有關係。閱讀《笳吹弦誦情彌切——國立西南聯合大學

---

80 梅貽琦：《就職演說》，載《國立清華大學校刊》，341號，1931年12月。
81 梅貽琦：《大學一解》，載《清華學報》，13卷1期，1941年4月。

五十週年紀念文集》（中國文史出版社，1988），以及眾多有關西南聯
大的著述，確能感受「大魚前導，小魚尾隨」的「從遊」之雅。抗戰
中顛沛流離的日常生活，以及整個民族自強不息的精神狀態，使不少
留學生對傳統文化有了新的認識──教育領域中書院制的重新浮出海
面，與此密切相關。

可惜的是，這一難得的歷史契機，並沒被很好抓住。隨後而來的
內戰炮火，使得融會貫通中西教育觀念的野心再次瓦解。二十世紀五
〇年代以後的歷次教育改革，書院制的優勢，始終未得到足夠的重視。

書院之自籌經費、自定章程，注重因材施教，鄙薄標準化教學，
強調道德氣節的修養，突出師生的情感交流等，使其容易形成相對獨
立的學風。但不管是章太炎還是梅貽琦，都明白傳統書院無法取代正
規的大學教育。就在對現代大學制度痛下針砭的《救學弊論》中，太
炎先生也不得不網開一面：「為物質之學者，聽參用遠西書籍」；「治
國際法，亦任參以遠西書籍授之」。[82]晚年的章太炎，傾全力辦書院、
組學會，已將目標縮小為「扶微業輔絕學」，而不再是正面挑戰現代
教育制度。[83]

將章太炎與梅貽琦兩代人的眼光重迭起來，思考傳統書院在現代
中國的命運，或許有利於未來大學的發展。

四　敢問路在何方

回到本文開篇提出的問題：到底是在「百年」還是在「四千年」
的歷史時段中討論中國的大學。倘若承認「兼採泰西」與「上法三

---

82 章太炎：《救學弊論》，見《章太炎全集》，5卷，102頁，上海，上海人民出版社，
　　1985。

83 章太炎：《國學會會刊宣言》，見《章太炎全集》，5卷，158頁。

代」之間的張力，構成了二十世紀中國大學發展的主線，那麼，其與漢唐太學、明清書院的差距，便不言而喻。

也只有在百年中國的敘事框架中，有些長久困擾學界的問題，才能得到比較合理的解釋。比如，晚清以降教育的急功近利與缺乏長遠打算、要求教育為現實政治乃至黨派利益服務、教育經費在國民生產總值中所占比重低下等，都不是傳統中國的特色。

百年中國大學，值得說的實在太多了。比起競爭激烈的中、小學教育（合理不合理另說），大學沒有嚴格的檢測標準，幾乎是辦好辦壞一個樣──從沒聽說過哪所大學的教育失敗（或曰「破產」）。以目前中國的經濟實力與決策方針，很長時間內大學教育仍是賣方市場──進大學難，無形中掩蓋了大學設計及管理中的眾多問題。這裡有政府的責任，有民間的責任，也有校長、教授們的責任。在這個意義上，作為學術課題的「大學」，不僅僅屬於高教研究所，而且是屬於所有以天下為己任的中國知識分子。

或許有一天，蔡元培的大學理想──中國傳統的孔墨精神，加上英之人格教育、德法之專深研究、美之服務社會，能夠真正實現；但在此之前，如何協調西方體制與傳統精神、政府行為與民間學術、人文修養與專才教育、大學規模與教學水準、思想自由與相容並包，乃至大學的結構與主體、功用與義務等，隨便提出一句，均值得學者們「大書特書」。

對於我心目中的這篇「大文章」，本文只能權作「課題說明」。倘若有朋友迫不及待，非要追問路在何方，我只好開誠布公地回答：不知道。正因為不知道路在何方，方才有必要拋磚引玉。近幾年，若干所中國最好的大學紛紛慶祝百年誕辰。很希望藉此機遇，好好反省中國的「大學之道」，而不只是沉醉於「一路凱歌」。

記得德國思想家雅斯貝爾斯曾將大學生活界定為「永無止境的精

神追求」[84]，但願關於中國大學傳統及現狀的研究，也不例外。

---

84 〔德〕雅斯貝爾斯：《什麼是教育》，鄒進譯，140頁，北京，生活・讀書・新知三
聯書店，1991。

當代中華文化思想叢刊 A0103001

現代中國的文學、教育與都市想像　上冊

作　　者　陳平原

版權策畫　李　鋒

責任編輯　楊家瑜

發 行 人　林慶彰

總 經 理　梁錦興

總 編 輯　張晏瑞

編 輯 所　萬卷樓圖書股份有限公司

排　　版　林曉敏

印　　刷　百通科技股份有限公司

封面設計　菩薩蠻數位文化有限公司

出　　版　昌明文化有限公司

桃園市龜山區中原街 32 號

電話 (02)23216565

發　　行　萬卷樓圖書股份有限公司

臺北市羅斯福路二段 41 號 6 樓之 3

電話 (02)23216565

傳真 (02)23218698

電郵 SERVICE@WANJUAN.COM.TW

大陸經銷　廈門外圖臺灣書店有限公司

電郵 JKB188@188.COM

ISBN 978-986-496-299-0

2020 年 7 月初版二刷

2018 年 1 月初版

定價：新臺幣 340 元

如何購買本書：

1. 劃撥購書，請透過以下郵政劃撥帳號：

   帳號：15624015

   戶名：萬卷樓圖書股份有限公司

2. 轉帳購書，請透過以下帳戶

   合作金庫銀行　古亭分行

   戶名：萬卷樓圖書股份有限公司

   帳號：0877717092596

3. 網路購書，請透過萬卷樓網站

   網址 WWW.WANJUAN.COM.TW

大量購書，請直接聯繫我們，將有專人為您

服務。客服：(02)23216565 分機 610

如有缺頁、破損或裝訂錯誤，請寄回更換

版權所有·翻印必究

Copyright©2020 by WanJuanLou Books CO.,

Ltd.All Right Reserved　　Printed in Taiwan

國家圖書館出版品預行編目資料

現代中國的文學、教育與都市想像 / 陳平原

著. -- 初版. -- 桃園市 ：昌明文化出版 ；臺北

市 ：萬卷樓發行, 2018.01

　　冊 ；　公分. -- (當代中國研究叢書)

ISBN 978-986-496-299-0(上冊 ：平裝). --

1.社會科學 2.文集 3.中國

500.92　　　　　　　　　　　　107002195

本著作物經廈門墨客知識產權代理有限公司代理，由北京師範大學出版社（集團）有限公司授權萬卷樓圖書股份有限公司出版、發行中文繁體字版版權。